開業医医療崩壊の
危機と展望

これからの日本の医療を支える
若き医師たちへ

京都府保険医協会

かもがわ出版

開業医医療崩壊の危機と展望
―これからの日本の医療を支える若き医師たちへ―

序　章　なぜこの本を出版したのか（垣田さち子）——— 6

　　　　私は医師としてこう考え、働き、生きてきた

第1章　国民皆保険とは　保険医とは（二橋芙紗子）——— 10

　　1．日本の医療制度と保険医　………… 10
　　2．国民皆保険制度の原則とその意義　………… 13
　　3．医師のプロフェッショナル性＝「療養の給付」を担保する医師の専門性　………… 18
　　4．国民皆保険に立ちはだかる「構造改革（＝新自由主義改革）」　………… 18

第2章　皆保険制度の歴史と新自由主義改革＝「構造改革」（久保佐世）——— 21

　　1．「皆保険体制」前史　………… 21
　　　　―国民要求と富国強兵のための健康管理政策から生まれた皆保険志向
　　2．「皆保険体制」確立へ向かった時代（1940年代後半〜70年代）　………… 22
　　　　―その制度理念の実現を志向
　　3．給付拡充からの転換の時代（1980年代）　………… 25
　　　　―医療費抑制策とそれによる矛盾の拡大
　　4．皆保険の基本原則を掘り崩す新自由主義改革（＝構造改革）の模索・登場の時代
　　　　　　　　　　　　　　　　　　　　　　　　（1990年代）　………… 28
　　5．新自由主義改革（＝構造改革）の本格実施（2001年〜2006年）　………… 33
　　6．新自由主義改革の矛盾の爆発と国民の運動、民主党政権の時代
　　　　　　　　　　　　　　　　　　　　　　　　（2006年〜2012年）　………… 35
　　7．新自由主義改革の仕上げに向けて―安倍内閣　………… 37
　　8．対抗構想としての社会保障基本法と新福祉国家構想　………… 39

第3章　皆保険制度を支えてきた保険医運動（中村暁）——— 48

　　1．なぜ保険医が社会的な運動に取り組むのか　………… 48
　　2．医師として「自由」であることの大切さ　………… 49
　　3．皆保険の充実を求めて京都府保険医協会が展開した保険医運動　………… 52
　　4．新自由主義改革との闘い　………… 57

第4章　新自由主義改革（＝構造改革）が壊す開業医医療 ———————— 66

　　1．新自由主義改革（＝構造改革）は、
　　　　医療の何を改革しようとしているのか（浜松章）………… 66
　　2．危惧される「皆保険の担い手の変貌」（浜松章）………… 73
　　3．施設体系改革とは別の意味合いがある「医療提供者改革」（中村暁）………… 77
　　4．国政策と医師・医療機関の関係性をどう考えるか（中村暁）………… 88
　　5．医師偏在問題は、どう解決すべきか（中村暁）………… 88

第5章　保険診療の現場から―若き医師たちへのメッセージ ———————— 90

　　皆保険の担い手としてのメッセージ（鈴木卓）………… 90
　　　　保険診療のルールを守り、保険で良い医療を提供することの意義について
　　地域医療の担い手としてのメッセージ①（吉河正人）………… 93
　　　　医療と介護が混在し、「地域包括ケア」という形で地域の医療のあり方が
　　　　変わっていっている現実に対しどう向き合うか
　　地域医療の担い手としてのメッセージ②（吉村陽）………… 95
　　　　医療過疎地の医療を担う意味について
　　「良い医療」の担い手としてのメッセージ①（吉中丈志）………… 98
　　　　これからの医療と保険診療
　　「良い医療」の担い手としてのメッセージ②（飯田哲夫）………… 100
　　　　病の向こうにある患者の暮らしを診ることの意味について

コラム　「私は開業医」

　　ある朝（渡辺賢治）………… 9
　　医師会で活動してみませんか（吉村陽）………… 47
　　良き医療者としての開業医（辻俊明）………… 65
　　女性開業医の1日（礒部博子）………… 101
　　診察室よもやま話―救急搬送（飯田泰啓）………… 102

序章
なぜこの本を出版したのか
私は医師としてこう考え、働き、生きてきた
垣田 さち子

○私が医師を志したのは

　私の父は開業医です。その家に生まれ、その後を継いで開業医となり、私もここ京都の西陣で医業を営んできました。

　父は、太平洋戦争に軍医として従軍し、中国から南方のガダルカナル、トラック群島へと転戦。ゲリラ戦のあげく、最後はニュージーランドで捕虜になりました。その戦いの最後、部隊員は自分を含めてたった5人になっていたといいます。

　父が捕虜収容所から送ってきた手紙が、今も残っています。家族の手元に届くかどうかも分からないまま、それでも伝えたい一心で書き送った手紙です。そこには「まともな親孝行もできずにこんなことになって」と詫びる一方、「日本の医療制度がどうなっているのかわからないが、この先、日本に戻れたとして、医師としてどう働いていったらいいのか」と悩む姿が記されています。

　それでも父は運よく家族の元に帰ってくることができました。そして、医師として人の役に立つ仕事がしたい、社会の役に立ちたいと考えて戦後を生きたのです。

　私たちの世代は、そういった先輩、親世代の医師たちの背中を見ながら、戦後の医師不足を受け、新しい医師制度が模索される中で医師として育ってきました。大学病院の勤務医となった人たちも、定年後はへき地の無医村に行って、それまでとは違う役割を果そうと考える。そんな生き方があたり前のようにありました。

　私も医学生の頃は、水島コンビナートの大気汚染問題に取り組み、フィールドワークとして住民対象の聞き取り調査を行い、マスコミが取り上げるといった経験をしました。その当時、専門医制度を導入するかという動き

があったのですが、医師に格差はつけない、ランク付けは良くないと、多くの医学生がボイコット運動にも取り組んだのです。開業していったのは、こういった運動に熱心に取り組んだ"熱血漢"からでした。

私の開業は、1987年、放射線科の研修医としての研修の最中に起こった父の突然の死によってもたらされました。その時私の目の前に現れた患者さんは、みんな私が子どもの頃から知っている人たちばかりでした。まだまだ医師も少なかった時代、こんな若輩者の自分でも患者さんたちは頼りにしてくれている。とにかく診なければいけないと、一生懸命診療に取り組みました。

でも、昨日まで勤務医だった私（私の伴侶もですが）は、それこそレセプトの書き方すら知らず、毎月毎月徹夜でレセプト書きに取り組まなければなりませんでした。そんな時に力になってくれたのは、保険医協会や西陣医師会の先生方でした。

また、基金や国保からも提出したレセプトについて呼び出しを受けましたが、審査委員の先生方は、何も知らない私たちを前に、熱心に保険請求の方法について指導してくれました。医師をみんなで育てよう。みんなで医療をやろう。医師会も保険医協会も、みんなそうでした。どうすれば前に進めるか、人の役に立てるか、それだけを考えていれば良いのだと言ってもらえていたのです。そして、それこそが、医療者の本来の姿なのだと思います。

○「開業医の医療」とは

私は、開業医は、ある程度のキャリアを積んでからなるものだと思っています。

なぜなら、大学病院に集まるような特異な症例とは違って、日常診療の中で頻発する症例が数多く頭に入っていないと開業医は務まらないからです。まさに、自分の力量を知ることになるのです。その意味で、大学病院などに勤める医師たちも、私たち地域の医師たちに対する尊敬心、信頼感を持ってくれているのだと思います。彼らは、私たちに対し、「大変なところへも行ってくれる先生」「大変な症例も丁寧に見てくれる先生」「あの先生なら、まず見落とすことはないだろうから大丈夫だ」と思ってくれているのです。この信頼関係が、病診連携の本質です。

私たち開業医は、日本の医療制度の仕組みについての知識を持ち、地域にネットワークを持ち、病院を含めたあらゆる人的資源を動員する力を持っていなければなりません。そして、人を大事にし、できるだけ早く治してあげて職場に返してあげる。ちょっとずつ"修理"しながら、それにつきあって医療していく。そんな医療ができなければなりません。落ち度無く、とりあえず全部診ることができる、これこそがジェネラリスト、開業医です。

○次の世代の医師たちへ

日本は、「国民皆保険」という、全ての国民に公平平等に医療提供を行う優れた医療制度を持つ国として、常に世界の注目を集めてい

ます。

　その特徴の一つは、政府の長きにわたる低医療費政策にもかかわらず、医療の水準が高いことです。世界一低い乳児死亡率、一二を争う平均寿命、主な死因である"がん""心疾患""脳卒中"の生存率の向上などはその成果です。

　何がこのような成果をもたらしたのか、国際的にも様々な分析が行われていますが、私は、どこの国にも見られない「日本の開業医」の果たした役割について、もっと深く研究されるべきと思っています。

　日本の医師・歯科医師は、自由開業制のもと自己資金で医療機関を開設して開業医になり、国によって管理された医療保険制度の中で、被保険者である患者さんを診療し、出来高払いの報酬を受け取る開業保険医となります。私たち「開業保険医」は、支払い側の保険者と患者さんとの間で、つねに患者さんの立場に立って制度の維持に努めてきました。公設ではなく、民間の診療所・病院として厳しい経営、運営を迫られるなか、地域に根付いて患者さん・国民の生活に密着し、その時々の医療要求に寄り添い、より良い医療と自院の健全経営の両立をめざして努力してきたのです。

　また、日本には、医師を必要とする多くの保険制度、保健福祉制度が作られています。各種検診・健診制度の担当医、障害者福祉制度の認定医、介護保険の認定医、地域の産業医、保健センターなどの協力医、学校医、警察医などで行政に協力し、目に見えないところで地域の安全安心を支えてきました。日々の忙しい診療時間をやり繰りしながら、これらの活動に使命感に駆られて献身的に取り組んできたのは、その多くが、住民と暮らしを共にしている地域の開業医です。

　開業医は、自院を受診する患者さんだけを診ている訳ではなく、また勤務医時代からの専門領域だけを守ってきたわけでもありません。多様な患者さんの求めに臨機応変に対応し、医療を必要とする状況の背景にある人々の生活実態を知り、支え、またその地域の環境問題などにも住民とともに取り組みながら、人々の生命と健康を守って活動してきました。

　しかし、20世紀の終わり頃から続く新自由主義改革政治の結果、地域と住民の暮らしは大きく変容しました。地方の困難は、人々を都市へと押し出し、低賃金を補うための共働きが、不安定雇用を受け入れる形で増加しました。しかし、家族の困難を支える仕組みが社会にない中では、離婚・単親世帯の増加は避けがたく、若年、高齢者も含めて、生きにくさを抱えた人々が地域にはあふれています。社会階層は二極化し、多くの国民が低賃金、不安定雇用、家族と地域の崩壊に苦しめられているのです。その影響は当然医療現場にも及び、医師も医療機関も疲労度を増しています。いつでも、だれでも、どこでも、必要な医療を受けられる社会保障としての国民皆保険も空洞化が語られています。

　そんな中、今、「地域医療構想」「地域包括ケアシステム」などと並行して「新専門医制度」「医師偏在問題」「医師の働き方改革」と

いった、我々医師の生き方に大きく関わる制度改革が進められています。これらは、これからの日本の医療のあり方を決める大きな動きです。そして、中にはそういった時代の流れに乗り、それをつかまえてそれに合わせた医療者になろうとする医師もいたりします。

でも、それでほんとうに良いのでしょうか？

それでほんとうに、私たちは幸せになれるのでしょうか？

日本の皆保険制度の価値は、これからさらに評価されるようになるでしょう。

今こそ、これからの日本の医療を支える若き医師たちである皆さんに、先輩たちが守ってきた皆保険の価値を、その歴史と共にしっかりと学んでほしいと思います。

本書は、そのためのささやかな試みです。慣れない言葉や専門用語など、ハードルは少しあるかもしれませんが、ぜひ読み通してください。そして、これからの日本の医療を支える保険医の運動に、心を寄せ、その新たな担い手となっていただけることを、心から願っています。

コラム

ある朝

渡邉　賢治

　ある朝、急にポケベルが鳴った。実家からの緊急連絡。父が脳梗塞で倒れた。急遽京都に帰り、その日から突然勤務医から開業医になった。患者の診察、治療はできても保険点数は全くわからない。でも、周りの人たちに助けられながら今日まで来ている。

　開業して一番の違いは何か？　勤務医時代はチームで患者の治療にあたった。開業すると、ガラッとこの体制が変わる。外来にきた患者を診察し、診断し、自ら治療方針をたて、手術の適応も決める。カンファレンスはない。一人の患者を一貫して自分一人で診ていくことになる。このことは患者にとって安心感につながる。また自分の理想とする医療のビジョンを持ちそれに向かって自らの力で進むことができる。その一方で、患者や医療のことだけでなく、医院の経営やスタッフの生活にも責任を持つことになる。そのことも楽しさに変わる。自分がしたい事は何か、何を求めて開業したのか、自分の思い描く夢を実現していくために勉強し、技術を高める。その過程が、とても大切で楽しい。

第1章
国民皆保険とは 保険医とは

二橋　芙紗子

1. 日本の医療制度と保険医

　日本の医師たちは、医学部での医学教育を修了したのち、まずは医師国家試験に臨み、それに合格して初めて医師として自己の責任において治療を行うことができます。ただ、それだけでは、ほとんどの医師は医業を続けていくことはできません。なぜなら、日本は今、すべての国民の医療を、国民皆保険制度という公的医療保険制度によって保障しており、その公的医療保険を使って受診する保険診療の患者を治療し、治療費の支払いを保険者に請求するためには、公的な資格、すなわち「保険医」の資格を得なければならないからです。

　保険医の資格は、各都道府県の知事に届け出ることで得ることができます。その保険医が、保険診療を取り扱うことを認められた医療機関＝保険医療機関において、保険診療のルールを守って診療を行い、保険請求のルールを守って治療費の請求を行った場合にのみ、保険者からその治療費の支払いを受けることができるのです。

　この保険診療を行うにあたってのルールは、社会保険診療における「保険医療機関及び保険医療養担当規則」（通称、療担）に定められています。また、保険請求のルールは、社会保険診療報酬点数表によって詳細に定められています。後者の点数表は、近年では2年に1度改定されています。いわゆる診療報酬改定です。

　一般に病院等の勤務医として働く医師たちは、これらのルールの詳細をあまり意識することなく保険診療を行っていますが、療養担当規則に違反すれば、行政からの指導を受けることになりますし、また、保険請求のルールを守らずに行った治療や請求は、審査機関および保険者の段階で査定され、減点された

保険診療の仕組み

医療提供体制
- 保険医療機関等（病院、診療所、調剤薬局 等）
- 保険医

被保険者（患者）

診療（療養の給付）　→
一部負担金の支払い　←

保険料の支払い

高額療養費現度額適用認定証の支付（支払い）
高額療養費現度額適用認定証の申請（請求）

高額療養費の一部現物給付化（代理受領）

高額療養費の請求
高額療養費の支給

診療報酬の請求
診療報酬の支払い

審査支払機関（社会保険診療報酬支払基金、国民健康保険団体連合会）
一次審査

医療保険者
二次審査

審査済の請求書送付
請求金額の支払い

平成29年版 厚生労働白書より作成

第1章 国民皆保険とは 保険医とは　11

医療保険（保障）制度一覧

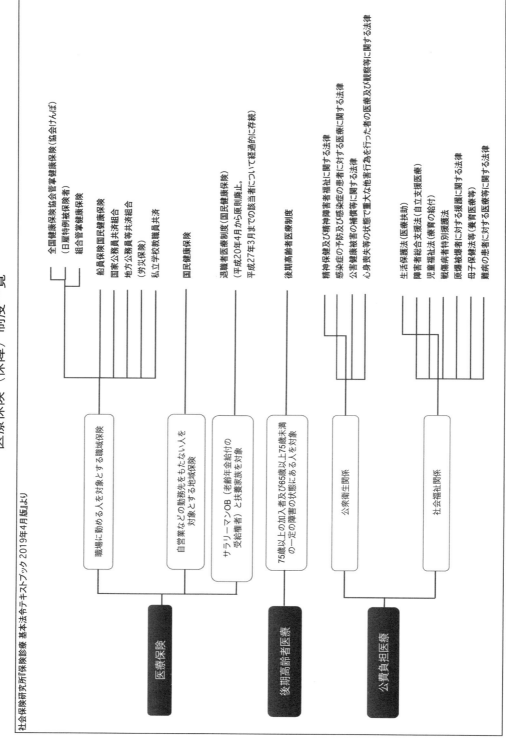

り返戻されたりすることになります。そして、こういった保険診療の全般的なルールを熟知し、遵守できているかについて、行政は定期的に点検をしてきますので、場合によっては指導や監査といった行政指導や処分を受けることになる場合もあるのです。

これらの仕組みの中に、問題がないわけではなく、その改善を求めて私たち保険医協会は国や保険者への働きかけを行っています。もう一方で、医師にとっても国民にとっても大切な日本の医療制度を、乱暴な診療や保険請求から守っていくことも、また大切なことだと考えています。

そして、この本の中では、この大切な私たちの医療制度とそれを担う保険医、とりわけ長きにわたってプライマリー[1]の分野を担ってきた開業保険医たちが直面している困難とその原因についてお話しし、これからの日本の医療を担っていただく医療者の皆さんに、ともにその解決に向けて力を貸していただけたらと考えています。

そういったお話に入る前に、まず本章では、日本の医療制度の特徴について、どこがどう優れているのか、保険医と国民は、この制度の何を守らなければならないのか、についてお話しておきたいと思います。

2. 国民皆保険制度の原則とその意義

(1) 国民皆保険制度の特徴と意義

日本の医療制度は、「国民皆保険制度」と呼ばれています。

国民皆保険制度とは、「いつでも・どこでも・誰でも、保険証1枚で必要な医療を必要なだけ受けられる医療制度」のことです。2017年、GDPに占める総保健医療支出の割合は10.7％で、OECD加盟35カ国中6位。OECDの算出基礎であるガイドラインが変更されたことに伴い、これまで計算に含まれていなかった介護保険サービスの多くが含まれたことで以前よりは順位が上がり、かかるコストが上がっているように言われていますが、高齢化率（65歳以上人口比率）との関係で見れば、日本は他の国に先駆けて高齢化が進んでいるにもかかわらず対GDP保健医療支出は決して高くないとも指摘されています。受診回数の多さはありますが、受診1回あたりの単価が低く、1人あたり外来医療費はそれほど高くありません。このことから、いつでも受診できる環境（フリーアクセス）を維持しつつ、効率的な医療提供が行われているとの評価を受けています[2]。

日本の医療は、国民間での公平性を高めながら低コストで良好な健康水準を実現し、世界に誇れる医療サービスの提供を実現できたことは間違いなく、国民すべてにそのサービスが提供されていることから、「国民皆保険制度（略称、国民皆保険あるいは皆保険）」と呼ばれているのです。

(2) 第1の特徴：「いつでも・どこでも」を可能にした「全国統一給付保障」と「医療提供体制」

この国民皆保険には、大きく分けて4つの

特徴があります。その第1は、「いつでも、どこでも」医療が受けられるということです。

いつでもどこでも医療が受けられるということは、いつでも診療を引き受けてくれる医療機関が、自分の暮らす場所の近く、どこにでも存在しているということです。第3章で詳述しますが、日本は、国立や自治体立などの公立医療機関ではなく民間病院や個人診療所など民間の医療機関が医療提供の多くの部分を支えてきました。民間医療機関とそこに働く医師たちは、住民からの求め（医療需要）があり、自分の力が発揮できる機会があると考えれば、経営的に成り立つことが前提ではありますが、自分の生まれ育った地域、あるいは教育や養成研修を受けた地域などを中心に、自分の医師としての生き方に沿った様々な地域を選んで開業、あるいは就職してゆきます。どこの地域で医療機関を開業するかは、その医師の「医師としての生き方」や医業経営者としての判断などに委ねられており、開業がうまくいく場合もうまくいかない場合も、その責任は医師自身が負うことを条件に、開業地を選択する自由が認められているのです。これが自由開業制です。

そして、こういった医療機関の中から患者さんは、自分にとって最も適切と思える医療機関を、これも自分の責任と判断で選び、受診することが保障されています。この仕組みのことをフリーアクセスと言います。

これら自由開業とフリーアクセスが保障されているということは、次のような意味と効果を持ちます。

まず、医師（医療機関）は、日々、患者さんから選ばれて診療をするということですから、自らが提供する医療内容に対する患者さんからの厳しい評価の目を意識せざるを得ません。その評価をクリアし信頼を得られなければ、医療機関としては存続することができないからです。したがって医師は、自分を選んで受診してくれる患者さんの期待と信頼に応えるべく、常に研鑽を積み、質の維持や向上に励むようになります。

また、医師は自らが選んだ開業地域に根付き、貢献したいという医師自身のモチベーションを日々患者さんから育てられてもいきます。患者さんや地域の住民たちと共に暮らし、その期待に応えようと努力する医師たちが、日本のあらゆる地域で開業し、存在することによって、いつでもどこでも保険で医療を受けられる体制は作られ、維持されてきたと言えます。

ただ一方で、医療機関というのは経営体であり、過疎地や僻地等採算性の厳しい地域での開業は難しくなります。実際、京都府保健医療計画には、京都府内における無医地区が8市町村13地域[3]と記されていて、医師がこういった地域で開業したいと考えても、住民がおらず地域社会が疲弊している状況だとしたら開業はままなりません。今の日本は、商業施設などを含め、あらゆる分野の人と物が大都市集中型になっています。しかし、医療に関しては、大都市圏以外の地域においても、そこを人の暮せる地域として維持するのであれば、必要な診療科目を網羅した医療提供施設の存在は必須条件です。国民皆保険である以上、どの地域に住む住民にも、その受療権は保障されなければなりません。医療提供に関わる公的使命を帯びた医療機関の偏在

問題は、地域の疲弊が増す中でますます切実な課題となっています[4]。民間医療機関による医療提供が中軸ではあっても、国や自治体が責任をもって公的な医療機関を設置するなどの政策は必要です。こうした良質かつ適切な医療を提供する体制（すなわち医療提供体制）が整備されていることによってはじめて、日本の皆保険は、どこの地域で暮らしている国民にも、等しく医療を提供する「全国統一給付保障」を実現することができるのです。

この「全国統一給付保障」が形としてあらわされている日本の診療報酬制度についても取り上げておきたいと思います。

保険医療機関で保険診療のルールに即して適切に行われた治療に対し、保険から支払われる医療費が診療報酬ですが、この診療報酬は、「社会保険診療報酬点数表」や保険で給付される薬剤の公定価格表である「薬価基準」などに基づいて請求し支払われます。その場合の点数に対する単価は、今は、全国どこでも1点10円。点数も薬価も、全国どこの医療機関でも同じものが使われており、地域によって保険で給付される医療の内容が違うということはありません。このように、今の日本の皆保険制度は、診療報酬のあり方においても地域や個人によって受けられる内容の格差が生じたり、受けることができなかったりすることを認めない形がとられているのです。

そして、この診療報酬制度が、医療者と国民にとって重要なのは、その点数表や薬価基準の中身は、まさに、日本国民が受けることのできる医療の「範囲」と「水準」を規定したものであるという点にあります。診療報酬改定は、概ね2年に一度行われ、日々の診療の保険請求は毎月行われていくわけですが、私たち保険医協会は、この診療報酬制度が、私たちが提供し、また受けられる医療の中身を現実的に規定しているという点を重視し、これを国民と医療者の立場で改善していく運動に取り組んでいます。

（3）第2の特徴：「誰でも」を可能にした「保険証の全国民対象無条件交付」

国民皆保険制度の2つ目の特徴は、国民「誰でも」が医療を受けることができるという点にあります。

医療保険は現在、協会けんぽ、健保組合など職域を中心に保険者が分立していますが、国民はこういった職域保険等の加入対象でない限り、住民登録が行われている市町村の国民健康保険に加入することになっています。つまり、国民皆保険は、国保がベースで、その例外が他の職域健保等であるという構造になっているのです。これが、国保が国民皆保険の土台であるといわれる所以であり、また、亡くなるまで被用者あるいはその扶養家族として職域保険の対象者であったという方以外、国民は人生のいずれかの段階で市町村国保の加入者になるということなのです。

このように、国民に対しては、その加入と費用の負担が義務付けられているのですが、その一方で、国はすべての国民に給付の義務を負うことになります。収入や既往歴、あるいは高齢であることや危険度の高い職業に就いているなど、リスクの高い、民間の保険であれば不利な条件を持つとされる国民にも加

入を義務付けているわけですから、国はそれら個々の条件に関係なく給付が保障される制度を作らなければなりません。

（4）第3の特徴：必要な医療を必要なだけ受けられることを可能にした「療養の給付（現物給付）」

皆保険の3つ目の特徴は、医療提供が現物での給付、すなわち「療養の給付」という形で保障されているという点にあります。

健康保険法第63条および第87条では、患者さんへの医療提供の方法を「療養の給付」（＝現物給付）と「療養費の支給」（＝現金給付）という2つの言葉で規定しています。

今の医療現場では馴染みの、介護保険からの給付（介護給付）や、障害福祉における障害福祉サービス費、あるいは保育[5]の大半に持ち込まれている保育所利用者に対する費用保障などは、費用補助型の給付（現金給付）の形で作られていて、医療においても「療養費の支給」という名称で一部同じ方式がとられています。これは、あるサービスに対して、給付する金額の上限（限度額）を決めておき、サービス提供がその必要性という観点からみて十分満たされるかどうかに関わりなく、あらかじめ決められている限度額の範囲内で、現金を支給する方式のことを指します。

医療における「療養費の支給」は、対象範囲が移送費や補装具など例外的・限定的で、医療技術や薬剤といった医療本体は、あくまでも「療養の給付」と言われる形式で給付されています。

「療養の給付」とは医療を現物で給付するという意味で、医師は患者の状態を診て、その状態に合わせた医療を、医師としての専門的判断に基づき必要なだけ提供します。つまり、支給限度額にとらわれることなく医療が給付される、「必要充足型」の給付保障だということです。日本の医療は、この「療養の給付」が法律に定められていることで、「医療保障」と呼ぶにふさわしい医療提供を行うことが可能となりました。

しかし今、この「療養の給付」が危機に晒されています。詳細は第2章に譲りますが、もともとは現物給付であった障害福祉や保育のサービスが、介護保険をモデルに費用補助型の現金給付の仕組みへと変えられてしまっています[6]。医療もそのターゲットとなり、サービス提供量の総量規制、総額管理が可能な方式への転換が狙われています。

2001年には、老人医療費の伸びが経済の動向と大きく乖離しないよう、目標となる医療費の伸び率を設定し、その伸びを抑制するための新たな枠組みを構築する方針が出されました[7]。2018年には奈良県が、後期高齢者医療制度の根拠法である高齢者の医療の確保に関する法律（高齢者医療確保法）になぜか盛り込まれている地域別診療報酬という特例措置を使って、診療報酬の単価（現在は1点単価10円）を県独自にコントロールする案の検討を始めました。また2018年、同じく財務省の財政制度等審議会は医療費の増加があった場合、保険料・公費負担の割合を減らして患者負担割合を増やすことで対応するという給付率自動調整の仕組みを導入するよう求める答申を出しました[8]。いずれもまだ実現はしていませんが、それぞれ総額管理を

狙った政策案で、今後の動きは予断を許さない状況です。

（5）第4の特徴：国民皆保険は非営利の仕組み

以上3つの特徴を述べてきましたが、これらに加えて大切な特徴を4点目として指摘しておきたいと思います。それは、「非営利原則」です。

医療法では、第1章総則に、「医療を受ける者の利益の保護及び良質かつ適切な医療を効率的に提供する体制の確保を図り、もって国民の健康の保持に寄与することを目的とし、国及び地方公共団体は、同法に規定する理念に基づき、国民に対し良質かつ適切な医療を効率的に提供する体制が確保されるよう努めなければならない」と記載されています。

この法律において、医療機関は営利（利潤の追求）を目的とする開設が認められないとされています。この医療機関の非営利性を維持するために、開設者は医師・歯科医師あるいは営利を目的としない法人のみと定められています。

（6）皆保険制度の財源は社会保険料と公的財源の投入

こうした特徴を持つ国民皆保険制度の財源は、加入者から拠出される社会保険料と企業（事業主）負担、公費負担で賄われています。通常の民間保険の仕組みでは、保険金の支払いが増えないよう加入者の選別が行われ、加入者は自身のリスクに見合った保険料の支払いを求められます。民間保険では、加入者が負担した保険料でカバーできるリスク以上の補償は行われません。この「個人ごとのリスクに応じた負担と、その負担に応じた給付」が行われるように考えて保険制度を設計する考え方を「保険原理」と呼び、民間の保険は、生命保険も損害保険も医療保険も、すべてこの考え方で作られています。したがって、リスクの高い人や保険料の支払いができない人は、加入が拒否されることになります。

しかし、国が作る社会保険は、違います。すべての国民に加入の権利があり、生まれたばかりの子どもから高齢者まで、どのような状態にある国民にも給付を行うということになります。よって、保険料負担能力のない、あるいは低い人々への給付を保障していくためには、加入者による保険料だけでなく、公費による負担が不可欠となります。

今、医療を含めた社会保障の財源のあり方に関する議論が、国を中心に行われていますが、確認しておかなければならないことは、第1に、保険料負担能力の高低に関係なく加入を義務付け、給付を保障する社会保険においては、公的財源の投入は必須だということ。したがって、この公費部分をどのような考え方と仕組みによって確保するかは、社会保険のあり方を左右する、極めて政治的政策的な問題であるということ。第2に、国民負担のあり方は、保険料における応能負担以外ありえず、その意味で、医療を受けた際に窓口で負担させられる一部負担金（窓口負担）のような、負担能力の高低に関係のない定率応益負担は、社会保険本来のあり方ではないということです。

この点に関わって、今、医療においては窓口負担の制度改悪が進められ、年齢階層別の定率負担に加えて、70歳以上高齢者における「現役並み所得[9]」者の負担率の引き上げが、「応能負担」の名のもとに連続的に行われています。治療を受けなければ生死にかかわることもありうる医療において、国民の受診の妨げになるような制度改悪は、国民の生存権を保障する社会保障としての医療において、行うべきではありません。

3. 医師のプロフェッショナル性 ＝「療養の給付」を担保する 医師の専門性

以上、皆保険制度の制度的な内容についてお話してきましたが、もうひとつ、皆保険制度を支える大事な存在についてお話しておきたいと思います。それは、医師をはじめとする医療提供者の問題です。

先述した医療の現物給付すなわち「療養の給付」を、その提供される医療内容に関わって支えているのは、高度な医学的専門性を備えた医師をはじめとする医療者たちです。医師は患者さんとの信頼関係のもとで診療し、患者さんの病状はもちろんのこと、性格や考え方、仕事、家族の様子など日ごろの関係の中から得られた情報に目配りしつつ、個々の患者さんに合わせた治療あるいは療養方針を決めていきます。この医師としてのスタンスが、患者さん一人ひとりの必要性に応じたきめ細かい医療を提供する仕組みを支えており、その結果が、無駄が少なく費用対効果の高い医療を実現させることにもつながっています。こういったきめ細やかで効率的な医療を、定められたルールのもと、患者さんに保険で提供するのが、日本の「保険医」なのです。

「保険医」は、「療養の給付」の質を担保し、患者さんの医療上の必要性が充足するまで、諦めることなく医療を提供します。これが「必要充足型給付保障」です。この「必要充足」の考え方は、日本の皆保険制度を、生存権保障を目指す憲法第25条の社会保障理念にふさわしいものにする上で大きな意味を持っており、「保険医」は、それを中心的に担う担い手なのです。

4. 国民皆保険に立ちはだかる 「構造改革（＝新自由主義改革）」

これまで述べてきたように、日本の国民皆保険は国民間での公平性を高めながら低コストで良好な健康水準を実現しました。「いつでも・どこでも・誰でも」に象徴されるように、国民の誰もがどこに住んでいても保険証1枚で必要な医療を必要なだけ受けられる制度で、国民の安心、安全を国が保障するというものです。

一方で、国民皆保険を語る際には、現行制度でも受診抑制をもたらす患者負担、地域によって偏在する医療機関、医師や看護師など医療提供者の不足、増大する保険料などの問題点などが挙げられます。しかし、これらは国民皆保険制度自体の限界ではありません。

国は今、医療を始めとする社会保障制度の「構造改革[10]（＝新自由主義改革）」を進め、

社会保険を民間保険の論理にすり替えることで公的財源や企業負担などの投入を後退させ、国民の負担を増大させようとしています。

また、社会保険の考え方を民間の保険原理と同質のものへとすりかえ（私保険化）、こちらも変質させていきました。今、国民の中で、皆保険の土台である国保において保険料負担が困難な人が資格証明書[11]といった実質的な無保険状態に置かれたり、加入手続きそのものを行えず無保険状態になったりすることへの違和感が薄れつつあるといわれています。そして、こういった人を生まないための公費による制度維持を、特定の住民に対する税の投入であり、不公平だとする議論が、自治体の議会や国保運営協議会の場などで行われていると言います。

続く第2章で述べますが、まさに国による意図的な誘導により、私たちは、社会保障である社会保険、その典型である医療保険を国民同士の私的な「自助・互助・共助」の仕組みとして捉えるようになりつつあります。

今、日本の皆保険制度は、その制度のあり方について、転換点と言って良い時を迎えつつあります。これら以外にも多くの困難を抱えた現在の日本の医療。その困難の解決策を見つける糸口はどこにあるのでしょうか。それを探すべく、次章からは日本の国民皆保険の成立とそれを解体しようとする新自由主義改革の歴史を掘り下げ、地域医療を第一線で担ってきた開業医医療との関わりの中から、今目の前に立ちはだかる課題について論じていきたいと思います。

1　国民のあらゆる健康上の問題、疾病に対し、総合的・継続的、そして全人的に対応する地域の第一線医療

2　日医総研ワーキングペーパー・医療関連データの国際比較 － OECD Health Statistics 2016 － No.370 2016年9月16日　日本医師会総合政策研究機構前田由美子著を参照。

3　「京都府保健医療計画」(2018年3月京都府)を参照。2014年10月に行われた無医地区等調査からの引用で記述。無歯科医地区は8市町村18地区と紹介されている。また、2019年1月時点で、京都丹後市などをカバーする北丹医師会所属の一般診療所は公立、私立をあわせ8医療機関。

4　医師偏在問題への対策として、国は医療法・医師法改正法（2018年7月成立）に基づき、医療従事者の需給に関する検討会・医師需給分科会で議論を進めている（2019年1月現在）。同検討会は、偏在をはかる物差として医師偏在指標を策定。同指標を用いて〈医師多数区域〉〈医師少数区域〉を指定し、都道府県に医師確保計画を策定させようとしている。また、18年12月26日に開催された同分科会会合では、すでに示している〈医師偏在指標〉とは別に、診療所医師の偏在をはかる物差しとして〈外来医師偏在指標〉が新たに示された。国が2020年から実施を予定している新指標を用いた偏在是正策は、指標を用いて〈外来医師多数区域〉を設定し、多数区域での開業にあたっては、新規開設者の届出様式に、地域で定める不足医療機能を担うことを合意する旨を記載する欄を設け、「協議の場」(≒地域医療構想調整会議)で確認する。合意欄に記載がない場合は、開設者を協議の場に出席させ、その結果を公表するというものだ。京都府保険医協会は、日本の医療保険制度は、人口減少が著しく、また経済が疲弊した地域での医業が成り立たない仕組みである以上、医業の成り立たない地域での医療保障に対する一義的責任は国が担うべき。そして、大都市集中型の政策による地域の疲弊度は色濃く、まずは衰退した地域の再生を図るべき。さらに、日本における自由開業制の歴史は長く、これまでの地域医療を支えてきた。その見直しは、日本の医療政策の根本転換を意味するとの視点で、今回の偏在是正策は議論されるべきだと主張している。

5　子ども・子育て支援法（2012年）による給付は「施設型給付」と「地域型保育給付」で構成されている。施設型給付は認定こども園・幼稚園・保育所、地域型保育給付は小規模保育事業・家庭的保育等を対象としている。このうち、従来型の認可保育所について現物給付が守られているが、他サービスは介護保険と同じ、現金給付となっている。

6　代表的なものとして、「入院時食事療養費」がある。本来は入院時の食事は医療の一環として提供されるべきものであるが、2006年の健康保険法改正で新設。食事を給付するための費用の一部を「標準負担額」として、患者が負担することとなった。このように現物給付型から現金給付型に制度が変えられていくのは、現物給付型ではサービスの提供量を管理したり総額予算管理したりすることが難しいためだ。

7　2002年、医療制度改革試案の中で、高齢者医療制度の持続可能性を確保するためとして、老人医療費の伸びが経済の動向と大きく乖離しないよう、その伸び率を抑制する仕組みの新たな導入が検討された。この仕組みは全国一律で以下のような仕組みを導入することを想定したもの。
①老人医療費の伸び率の目標値の設定
②目標値を踏まえた診療報酬の合理化、保健事業の推進等による医療の効率化等の推進
③目標を超過した場合の措置（診療報酬の調整）
「医療制度改革試案（概要）－少子高齢社会に対応した医療制度の構築－」（2001年9月25日厚生労働省）より。

8　奈良県は国民健康保険制度の都道府県化を機に、高齢者の医療の確保に関する法律第14条に定められた（診療報酬の特例）の適用を打ち出した。奈良県の第3期医療費適正化計画は国の与えた推計ツール以上の医療費抑制を目標化し、その達成に届かない場合は診療報酬の特例を活用。単価（一点10円）を一律に引き下げることを含めた診療報酬上の対応により、「国民健康保険の保険料水準引き上げを回避できる水準にまで医療費水準を抑制していく」と述べている。これは、医療費適正化計画を中心に、国保都道府県化と地域医療構想による医療費管理を担わされた都道府県が、「住民の福祉の増進」よりも、医療費抑制を重視するようになっていく表れであり、まさに危惧されてきた事態の典型である。よって、奈良県の打ち出しは今後、すべての都道府県における医療政策の典型モデルとなりかねない危険を孕む。財務省が打ち出した給付率自動調整は、財政制度等審議会の「春の建議」で公表したもの。この仕組みは、「経済成長や人口動態を踏まえ、支え手の負担能力を超えるような医療費の増加があった場合に、ルールに基づき給付率を自動的に調整する」ものとされ、医療費の増加があった場合は保険料・公費負担の割合を減らして患者負担割合を増やすことで対応するというもの。これに対し厚労省は、患者負担が過大になるおそれや国民の安心を損ねるおそれなどを指摘し反対する意見を表明している。

9　現役並み所得：課税所得145万円以上または標準報酬月額28万円以上

10　「構造改革」とは、日本政府が、すでにイギリス、アメリカで強行されていた新自由主義改革を実行するに際して用いた言葉で、橋本内閣がその本格的な遂行をめざして使い始めた。96年に成立した橋本内閣は、その年を「構造改革元年」と名づけ、政権の課題として、5大改革を打ち出した。「行政改革」「財政構造改革」「金融システム改革」「社会保障制度改革」「経済構造改革」である。橋下はこの5大改革を打ち出して総選挙に臨み勝利を収めると、さらに教育改革を加えて6大改革に拡大し、その遂行を宣言した。この「6大改革」＝「構造改革」は3つのグループに分けられる。1つめは大企業の負担軽減をめざした法人減税、社会保障費負担軽減のための財政支出とりわけ社会保障支出削減をねらうグループで、「財政構造改革」「社会保障制度改革」がそれにあたり、「教育改革」も公教育費削減をめざす。2つ目は企業の市場拡大、弱小産業淘汰をはかる規制緩和をめざすグループで、「金融システム改革」「経済構造改革」がそれにあたる。3つ目はこうした改革を遂行するのに適合的な国家体制づくりをめざすグループで、「行政改革」がそれである。ところが、橋本内閣はほかでもない、構造改革の強行がもたらす不況や不満を受けて倒壊した。続く小渕、森政権は構造改革遂行にブレーキをかけたが、それに不満をもつ財界等の期待を受けて小泉内閣が登場した。この小泉内閣が、「聖域なき構造改革」をスローガンに急進的新自由主義改革を遂行したので、構造改革は小泉内閣の代名詞のようになっている。

11　P 43、第2章の註26参照

第2章
皆保険制度の歴史と
新自由主改革＝「構造改革」

久保　佐世

1.「皆保険体制」前史
―国民要求と富国強兵のための健康管理政策から生まれた皆保険志向

　日本の医療保険の歴史は、明治期の労働者保護対策やその相互扶助組織に起源を求めることができます。明治の初期、主要産業が官営であったことから、まずはそれらの労働者を対象とした業務上災害時の相互扶助組織[1]が作られました。これは、ドイツ医療制度に学び、日本でも同様の疾病保険をと考えていた内務省の動きに影響を受けてのものだったと言われています。

　その同じ頃、農商務省サイドでも、官営工場、鉱山、海上労働者を対象とした業務上災害時の扶助制度の整備が進められています。1899年（明治32年）制定の商法では、船員の保護規定において、上船中の船員に対する食事の給与などに加えて、業務上傷病に対する療養の給付、死亡時の葬祭料支給などが盛り込まれました。船上という特殊環境もありますが、労働者に対する医療給付を「療養の給付」という現物給付形態で給付する制度がここに盛り込まれたことは注目に値します。この流れは、その後、民間工場労働者の保護対策へと拡大し、1911年には、全額事業主負担による療養の給付、または療養費の支給を原則とする工場法が発足（施行は1916年[2]）。これを前身制度に、後の健康保険法(1922年成立。関東大震災の影響で施行は1927年)が作られることになり、いわゆる医療保険法の基本的な仕組みが形作られることになりました。

　この工場法、健康保険法が生まれた当時の日本は、主要な輸出産業であった紡績・製糸などに従事する女子・年少労働者や、鉱山労

働者などを中心に労働条件の劣悪さが原因となった健康被害が広がり、社会問題化しつつありました。労働運動は、大きな盛り上がりを見せ、国際的にも、1917年（大正6年）にはロシアで社会主義革命がおこり、政府や事業主は危機感を募らせていました。政府は、労働者の発育不良・体力低下や疾病の増加を「富国強兵」策の見地からみて問題と捉えましたが、それと同時に、労働者階層への社会主義思想の浸透を防ぎ、労使関係を正常化するためには、単なる弾圧ではなく、労働者階層の生活安定を図るための施策に力を注ぐべきと考えるようになっていきました。その意味で、国民の世論や運動が、こういった制度整備を推し進める力になるということは、この例にもよく示されていると言えるでしょう。

　一方、その労働者たちを都市に供給する供給源の農村も、大変な事態に陥っていました。1929年（昭和4年）の世界恐慌は、日本の主力輸出産業であった紡績業に大打撃を与え、農村には職を失った労働者たちが、結核など当時は不治とされていた病気とともに大量に帰ってくることになりました。生糸の輸出をあてこんでいた養蚕農家（全国の農家の約4割）は、現金収入を得る道を失って貧困のどん底に落ちていき、さらには、世界恐慌の翌年以降2年連続でおこった豊作飢饉と凶作は、大量の「欠食児童や身売り、母子心中」などを生みだして、農村を貧困のどん底に叩きこんだのです。この農村の危機を救うために政府（その中心は内務省＝後の厚生省官僚）が考え出したのが、人口の6割を占める農山漁村向け医療保障制度である「国民健康保険制度（略称、国保）」でした（1938年創設）。当時、労働者以外の国民を対象に、地域で組織する保険制度をつくろうなどという例は、世界に前例がなく、日本政府が歴史上はじめて設計に取り組んだものです[3]。この国保が、戦後日本の「皆保険制度」の土台へと成長していくのです。

　こういった制度に支えられつつ日中戦争から太平洋戦争へと8年に亘って闘われた戦争は、日本人300万人、他のアジアの人々1700万人の生命と暮らしを奪って、1945年8月15日、日本の敗戦で終わりました。この戦争の経験は、生き残った日本人の心に深い傷を残し、深刻な反省を生みました。そして、戦前戦中と、軍事・戦時産業政策遂行に奉仕させられた医療者や医療政策担当者も、その反省に立脚した新たな一歩を踏み出すことになったのです。

2．「皆保険体制」確立へ向かった時代（1940年代後半〜70年代）
―その制度理念の実現を志向

　戦後の医療制度は、医療だけにとどまらない、日本の社会保障のあり方全体を考える中で作られてきたものです。

　戦後、最初に手がけられたのは、医療ではなく、長い戦争によってその生活基盤を完全に破壊され、食べるものさえ失った国民生活への対応からでした。1946年、この国において初めて生活保護法が制定されました。その同じ時期に制定をみたのが、言うまでもない日本国憲法です（1947年）。新憲法は、

9条において戦争を放棄すると同時に、憲法25条を中心とする生存権保障、手厚い人権保障を国家に義務づけることで、戦後の日本が「戦争なき福祉国家」の構築をめざすべきことを宣言しました。これを受けて先の生活保護法も1950年に「憲法第25条の定める理念にふさわしいものたらしめるよう」（法案趣旨説明）抜本改正され、「最低限度の生活保障」（1条）の明記とともに、国民の生活保護を受ける権利（2条）が明記されました。このように、医療を含む社会保障制度構築の担い手たちは、欣喜雀躍してその理念の実現をめざしたのです。

戦後の国民生活は混乱を極め、何よりも天井知らずのインフレによって医療保険制度は壊滅状態でした。医療保険への加入者も敗戦後激減し、1944年のピーク時には政府管掌健康保険で事業所数13万2000ヵ所、加入者数465万人に達していたものが、1946年には事業所数8万6000ヵ所、加入者数232万人に落ち込んでいました。その残った加入者（被保険者）達にとっても、医師がより確実な収入をということで自費診療を求めがちだったことなどにより、保険証はほとんど役に立たないというのが実態でした。

このインフレに対し度重なる診療報酬の単価引き上げ[4]が行われることによって、1948年頃からようやく保険診療を扱う医師が増え、保険制度を支える基盤が確立し始めます。

その頃発足した「社会保障制度審議会（会長：大内兵衛）」は、その発足翌年（1950年）、戦後日本の社会保障制度のあり方を決定づける歴史的な勧告を行っています。いわゆる第一次勧告です。勧告は、その中で社会保障制度について、「疾病、負傷、分娩、廃疾、死亡、老齢、失業、多子その他困窮の原因に対し、保険的方法又は直接公の負担において経済保障の途を講じ、生活困窮に陥った者に対しては、国家扶助によって最低限度の生活を保障するとともに、公衆衛生及び社会福祉の向上を図り、もってすべての国民が文化的社会の成員たるに値する生活を営むことができるようにすることをいう」と規定。さらに、「このような生活保障の責任は国家にある。国家はこれに対する総合的企画をたて、これを政府及び公共団体を通じて民主的効率的に実施しなければならない」として、社会保障に対する国の責任を明らかにしました。そして、医療保障に関しては、被用者に対する制度と一般国民に対する制度の区分はやむをえないとしつつも、すべての国民が医療保険に加入する体制を敷くよう勧告しました。

この時期、日本にはまだ総人口の4割、約3000万人の保険未適用者がいたと言われ、このうちの約1000万人は、一旦病気に罹患したら生活保護以外道がないという低所得者層だったと言われています。社会保障制度審議会は、この「国民の医療の機会不平等は寒心に堪えない」とし、1956年には医療保障特別委員会勧告として「3年ないし5年をもって国民健康保険を強制設立できる措置を講ずるべき」ことを政府に勧告。それを受ける形で「全国民を包含する総合的な医療保障、すなわち皆保険の達成を目標とする」ことを方針として打ち出したのは、当時の首相、鳩山一郎でした。

この政府方針を受けて厚生省に設置された医療保障委員会は、1957年には、国民皆保険を実現するための法改正を行い、具体的な措置を講ずる必要があることを厚生大臣に報告。

また、健保の赤字や財政対策について審議するため1955年の閣議決定により設置された「七人委員会」[5]も、この問題に関する検討を行い、健保への定率国庫負担を行う上で、医療保険によってカバーされていない国民が多数いる現状での実施は適当ではないとの認識を示しました。つまり、これらの委員会等の勧告・報告はいずれも、日本の医療保障制度上最大の問題を未適用者の存在と位置づけ、年次計画によって国保の設立を強制化し、その実現のために国庫負担を少なくとも保険給付費の3割まで引き上げて財政の確立を図り、「最終的には国の責任において国民健康保険を行う体制にすべきである」としたのです。

これを受けて、1959年政府は、新国民健康保険法を制定。被用者保険適用者以外のすべての人に国民健康保険への加入を義務付けるとともに、医療保障は国の責務であるとして、その実施を団体委任事務[6]として市町村に委ね、義務付けました。そして、それまで「国庫補助」の形で行われていた療養給付費や事務費に対する国からの負担を、その財政責任の明確化のため、「国庫負担」へと改めたのです。

こうして1961年4月1日実施に移された国民皆保険制度は、健保本人10割、家族5割、国保5割という給付率からスタートしましたが、戦後労働運動や安保闘争[7]、さらに「生存権裁判」と言われた朝日訴訟[8]など、多くの国民の心をとらえ、その後の政治のあり方に大きな影響を与えた運動の力と経済成長の追い風により、急速に給付改善を実施していきました。1963年には国保世帯主7割、1968年には国保世帯員全員7割、1973年健保家族7割へという具合です。

1962年、社会保障制度審議会は、各制度を通じて給付率を9割程度、さしあたり7割程度まで引き上げること。また、給付期間についても、3年以内という制限を撤廃し「転帰[9]」までとするなどの給付改善に関わる勧告[10]を行います。これを受けてこの給付期間に対する制限は、翌1963年には完全撤廃されます。

そして、この間に、日本の医療保障制度の根幹を成す現物給付原則＝「療養の給付[11]」に対し加えられていた給付制限（制限診療）も、京都府保険医協会をはじめ、各地で保険医協会を設立して給付改善に取り組んだ保険医たちの粘り強い運動の中で、見直しが進んでいったのです[12]。

一方、岩手県沢内村に端を発した高齢者の窓口負担の無料化[13]は、東京、大阪、京都などの革新自治体[14]を皮切りに自治体独自の福祉政策という形で実現され、1973年には、それを追認する形での国による高齢者医療費の窓口負担無料化制度が作られました。この時の根拠法は、医療保険関連法ではなく、老人福祉法でした。窓口負担無料化は、革新自治体が国の政策を変えた典型でした。京都府などで先駆的に存在していた革新自治体は、60年代後半から東京を始め全国に拡

大し、70年代中葉には、全国の住民の過半数が革新自治体の下で暮らすようになりました。革新自治体の普及は、高度経済成長期を通じて進められた大企業の発展を優先する開発政策が生んだ様々な社会矛盾―頻発する公害、地方の衰退、過疎化、人口の大都市集中による保育所不足など―に対し、福祉・医療・保育・教育・環境保全といった福祉国家的な政策を充実すべしとした国民の声の高まりを反映したものと言えます。

　国の医療保険本体の方も、医療行為に対する保険によるカバー率は、1955年の49.1％から1975年の74％へと大きく拡大し、公費負担医療分まで含めれば9割近くが公的医療制度でカバーされるようになっていきました[15]。
　一方、患者負担の方は、1955年には38.1％もの高さであったものが、1975年には高額療養費制度[16]が全保険制度に整備されたことで13％にまで下がります。同時期、全国の医療機関整備についても国が主導して実施[17]。保険制度と医療機関整備の両面が進むことで、皆保険は、ますます国民生活に浸透していきました。
　こうして、皆保険制度は、その発足から70年代末にかけて、紆余曲折はあったとは言え、その基本理念、すなわち「保険証の皆交付」「全国統一給付[18]」「必要充足型給付[19]」を、なんとか実現し、充実させる方向で運営されてきたと言えます。

3．給付拡充からの転換の時代（1980年代）
　　―医療費抑制策とそれによる矛盾の拡大

　ところが、この「皆保険制度」は、80年代に至り、大きくそのあり方が転じられていくことになります。いわゆる「第2臨調[20]・行革」です。
　1973年の「福祉元年[21]」は、オイルショック[22]の年でもありました。「福祉元年」を生んだ力は、高齢者を中心に給付の改善を進めましたが、その一方で政府は、大企業支援型の産業政策を続けながら、衰退する地方に対しては、公共事業投資[23]や補助金撒布などの利益誘導型政治で対処しようとしました。経済成長の鈍化に伴う税収の伸び悩みが起こる中で、それらの支出を賄う財源調達がますます求められるようになっていきます。特に、1974年に田中角栄内閣が倒れて以降70年代末までの自民党政権の不安定化期には、支持固めのための農村部や都市自営業層への利益誘導政治に巨額の財源が必要とされました。
　また、対外関係においても、ベトナム戦争遂行により巨額の財政赤字を抱えるようになったアメリカとの経済摩擦の激化、オイルショック後の日本企業の素早い立ち直りと洪水輸出に対する対日非難の高まりを受けて、①自由貿易体制を維持するためのコスト負担としての農産物等貿易の自由化（要するに海外からの安い農産品輸入の拡大）や、②世界経済秩序を支えている『自由主義諸国の安全保障コストに対する応分の負担』としての防

第2章　皆保険制度の歴史と新自由主義改革＝「構造改革」

衛力増強という要求に、何らかの形で応えざるを得ないところに追い込まれていきます。

　こういった状況のもと、政府は財源確保のため特例国債（赤字国債とも言う）の発行に踏み切ります。1975年、戦後初の特例国債が発行されますが、それへの財政の依存率は25.3％。以後、一気に上昇、財政は悪化していきます。（依存率＝75年25.3％　76年29.4％　77年32.9％　78年31.3％　79年34.7％　80年32.6％）

　時の政府は、財源確保のため、税制改革の必要性を訴えて一般消費税導入を打ち出します（1977年・政府税調）。オイルショック後の不況を、賃金抑制と過酷な人員整理を中心とした「減量経営」で乗り切った企業経営者たちには、与党からの法人税増税の要請に応じる気がまったくなかったからです。ところが、消費税導入に対し国民は強く反発し、1979年、この一般消費税導入を争点にした総選挙で、大平正芳率いる自民党は、大敗を喫してしまいます。大企業に負担をかける法人税引上げも、国民に負担をかける消費税導入もできない。増税による財源確保が挫折する中で、彼らにとっての選択肢は、大きな財政を伴う福祉政策の縮小、すなわち「小さな政府」「増税なき財政再建」＝「臨調・行革」路線以外にありませんでした。この合言葉のもと、社会保障、なかでも医療費は、容赦のない削減攻撃にさらされることになったのです。

　一方、この圧力を受けた医療側（厚生省側）にも、その独自の問題意識として、高齢化の進展と高度化する医療（病院医療）への対応策が必要と考えられていました。「医療費亡国論」者として批判にさらされることの多い吉村仁（1982年－84年保険局長、84年－86年事務次官）とその後を執った幸田正孝（1984年－86年保険局長、1986年－88年事務次官）は、この問題に対し保険制度と提供体制の両面から取り組みました。

　こうして、この時期には政府側と厚生省の思惑が合流して、医療費削減政策が始まったのです。

　この時期の医療費削減策は、概ね以下の3つに類型化できます。

　まず筆頭は、医療費の中でも患者1人あたりの費用が高額になる入院医療費の抑制です。これは、1985年の第1次医療法改正（都道府県地域医療計画制度の導入）による入院用ベッドの総量規制と、翌1986年に行われた老人保健法改正による老人保健施設[24]の創設による入院医療費の削減策という形で実現されました。

　第2は、1982年成立の老人保健法（83年施行）、1984年の健保本人への2割負担導入（当分の間1割[25]）などによる患者一部負担の導入・引き上げによる受診抑制策です。窓口負担は、その直接の財政効果以上に、それによる受診抑制がもたらす医療費削減効果が期待されました。

　第3は、1984年の退職者国保の創設に伴う国保国庫負担率の引下げ（医療費ベース45％→38.5％）という直接的な国庫負担の削減策です[26]。

　実は、この時代に始まった第2臨調の行政改革、その一環としての医療費抑制政策は、

より大きな世界史的流れの一環という側面ももっていました。その流れとは、1970年代末以降イギリス（首相：サッチャー）やアメリカ（大統領：レーガン）を皮切りに強力に進められ、1990年代には世界的に拡延する、新自由主義改革のことです。

新自由主義とは、第2次世界大戦後の先進各国が採用してきたケインズ主義型経済が行き詰まり、「成長の限界」に陥ったとして、その克服を呼号して台頭した新たな資本主義の動向を指します。

ケインズ型経済は、強い労働組合運動と資本の交渉により労働者の高賃金を実現し、それが生んだ国内市場の大拡大を基盤にした大量生産・大量消費の体制によって経済成長を実現しました。そして他方では、資本や富裕層への重課税、成長により増大する税収を社会保障や公共事業に投下することで、内需をさらに拡大させました。

不況期には、大規模な財政出動と金融緩和によって需要を喚起し、恐慌回避と持続的成長の確保をめざしたのです。このケインズ型経済は、資本に対する法人税等の重い負担と厳しい規制、社会保障の拡充を中心とする「大きな政府」、需要拡大による恐慌回避、などをその特徴としました。それを典型的に実現したのが、いわゆるヨーロッパを中心とする「福祉国家」だったのです。

ところが、70年代初頭の深刻な不況を直接の契機に、こうした既存経済を根本的に転換し、資本に対してかけられた負担の軽減と規制の廃止により、資本の持つ競争力を拡大することで新たな成長を実現することを謳って登場したのが、新自由主義でした。

この新たな資本主義は、直接には深刻な不況克服を合い言葉に登場しましたが、より大きな歴史的文脈でみると、背景には、第2次世界大戦後の資本主義の持続的成長による、資本の巨大化と多国籍企業展開、一言で言えば、グローバル資本主義化とそれに基づく世界規模の競争の激化という事態がありました。資本が先進国内で競争している時には受容できる高賃金、重い税金、厳しい規制も、途上国を含む世界的競争の時代には、大きな桎梏となります。すぐ後で検討するように、少数の国に留まっていた新自由主義が、冷戦終焉による自由市場の大拡大とともに、日本や途上国も巻き込んで世界に拡大した理由はここにあったのです。

1980年代の日本は、すぐ後でふれるように、同じケインズ型とは言え、福祉国家とは異なるタイプの国として、企業は強い競争力を持ち、むしろ「一人勝ち」状態でした。ですから日本での新自由主義改革は、90年代以降にずれ込むことになります。それでも、資本の競争力を強化することをめざしてイギリス、アメリカで展開されていた新自由主義改革には日本も無関心ではいられませんでした。第2臨調の行政改革そのものが新自由主義改革を受け売りしたものであったことは、そこに理由があります。

医療政策の部面でも、こうした新自由主義の影響下で、たんなる医療費削減、国庫負担の削減とは異なる新たな政策—90年代に一気に花開く政策の萌芽が現れていることに注目しなければなりません。一言で言えば、公的医療保障制度の縮小と民営化という手法です。その主なものが、以下の3つです。

1つは、医療保険制度の「公私2階建て化」へと道を開いた1984年の「特定療養費制度[27]」の導入（高度医療、差額ベッド、歯科材料費）です。厚生省は、国民の健康意識の高まりと医療ニーズの拡大・多様化への対応だと説明していましたが、どう説明しようと、公的医療保障の中に、負担能力のあるなしに基づく給付差別を持ち込んだことは事実です。

　2つ目は、医療保険制度における保険原理の強化です。その典型例が「負担と給付の公平」を確保するためとされる1986年の国保への資格証明書[28]発行制度の導入です[29]。

　そして3つ目が、「公的医療機関の民営化」策へと道を開いた国立病院療養所統廃合移譲法（1987年）です[30]。この法の下で、国立病院・診療所の地方自治体への移管が強行されました。あとでふれる、「国から地方へ」「地方（官）から民間へ」という流れです。

　しかし、これら萌芽的新自由主義改革の推進者の中にも、まだこの時期には、"圧倒的な国民が支持する日本の皆保険体制の優れた仕組みは、守らなければならない"という意識が存在していました。そのため政府部内での政策検討の視点も、社会保障への財源配分に対する圧縮圧力が増す中、現在の皆保険体制を守るために、どうやって総額医療費を抑制するのかというところに主眼が置かれていたと言えます。

　それが、公的医療給付によって国民に必要な医療のすべてを保障するという方針を断念し、私的医療分野の伸長は良いが、公的医療保険からの給付には制限を設け、それによって国庫負担を削減するという新自由主義型の改革、そしてその政策の実行を自治体に委ね、都道府県など自治体単位で、住民が自らの選択と責任によって医療制度を運営するという「地域主権型」の新自由主義改革へと舵を切っていくのは、90年代を迎えてからのことになります。

4．皆保険の基本原則を掘り崩す新自由主義改革（＝構造改革）の模索・登場の時代（1990年代）

（1）日本ではなぜ新自由主義改革が遅れたのか？

　イギリスやアメリカが73年以降に直面した不況克服で四苦八苦し、大企業の競争力を強化することで景気回復を図ることをめざした新自由主義改革へと舵を切った80年代、日本は、73年不況をいち早く克服し、先進国で唯一経済成長を続け、アメリカに次いで世界第2位の経済大国にのし上がります。そのため、80年代の日本では、新自由主義改革は必要なかったのです。

　日本が、他の先進国の不況を尻目に成長を続けられたのは、日本企業の類い希な競争力によるものでした。この競争力を支えたのは、「日本型経営」「日本型雇用」と呼ばれた日本企業独特の労働者管理（第1の柱）と、自民党政権による至れり尽くせりの企業支援の政治（第2の柱）でした。

　まず第1の柱について。日本企業は、技術革新の始まる50年代に、正規従業員中心の雇用、不況になってもクビを切らない「終身雇用」、企業での経験年数に応じて賃金が上

がる「年功賃金」、ブルーカラーでも企業に忠誠を尽くして昇進を繰り返せばホワイトカラーに昇進できる「工職混交制」、さらに社宅や持ち家制度、保険料や窓口負担に対する独自の助成制度といった手厚い福利厚生、などを柱とする「日本型雇用」を定着させ、"労働者は労働組合で闘うより企業内で昇進を繰り返すことで生活を改善する方が現実的だ"という、企業依存の体制をつくりあげました。そして同時に、企業への貢献度による「査定」を通じて昇進を左右するという、ブルーカラー・ホワイトカラーを含めた、企業内の競争構造を作り上げたのです。これが、欧米にはない、「過労死」を生むような企業中心社会と、日本企業の類い希な競争力を生み出したのです[31]。

こうした企業支配の体制ができると、労働者は、失業の心配をすることなく、退職後の暮らしは企業年金、子どもの教育や介護も、年齢とともに上がる賃金で賄おうとするようになり、福祉よりも企業の成長とそれを支える経済成長中心の政治、つまり自民党政治の存続を望むようになりました。労働組合も、企業の生産性向上に協力して企業が繁栄することで労働者の生活改善を図ることをめざすようになり、自民党政治を支持することで自民党政権の安定をもたらしたのです。

その結果、第2の柱。自民党政権は、福祉よりも経済成長に重きを置いた政治を重視し、財政も、福祉関係費は小さく、大企業の市場となる公共事業費は格段に大きいという、成長重視の構造をもつようになりました。また自民党政権は、こうした成長政策の結果衰退する中小、零細企業や農業、地方に対して、公共事業費の撒布や中小企業保護の利益誘導型政治を行い、その支持も獲得したのです。

（2）冷戦終焉後なぜ新自由主義改革が始まったのか？

ところが、こうした日本企業のあり方と経済成長の体制は、冷戦終焉によって激変を余儀なくされました。

冷戦が終焉し、社会主義圏が崩壊し、市場経済に移行することで、それまで自由経済圏でしか活動していなかった欧米や日本の大企業はこぞって、それら地域にグローバルな進出を強め、世界の自由市場は大拡大しました。中国やインドなど新たに市場に組み込まれた地域や国は、賃金も安く環境規制も緩く、おまけに巨大な人口を抱えた一大市場でした。グローバル企業は相次いでこれらの諸国に進出し、世界規模の「大競争時代」が始まったのです。

日本企業はもともと、海外進出には消極的でした。日本企業の競争力の源泉である、日本型雇用や企業に協力的な労働組合、下請け、さらには自民党政治、こういったものは海外には持って行けなかったからです。しかし、日本企業の成長による円高、経済摩擦、さらには、冷戦後のグローバル競争の激化は、日本企業にこうした消極性からの転換を強制しました。いくら日本型雇用が強いといっても、当時、日本の賃金の32分の1といわれた中国とでは勝負になりません。欧米に比べれば弱い社会的規制も、途上国とは比べものになりません。こうして、日本企業の洪水のよう

な海外進出が始まりました。

それに伴って、日本の企業や財界が、強く新自由主義改革を求めるようになったのです。90年代初頭から、財界は自民党政権に対し新自由主義改革を求める提言を開始し、とりわけバブル崩壊による不況以降、その要請は強くなりました。1993年、経団連会長の平岩外四（当時・東京電力会長）が座長になって当時の細川護熙首相が私的諮問機関として設置した「経済改革研究会」から出したいわゆる「平岩レポート」や、1996年1月に橋本龍太郎内閣の発足に合わせて経済団体連合会（現在は、当時の日経連と統合して日本経済団体連合会）が出した「魅力ある日本―創造への責任―経団連ビジョン2020」（会長：豊田章一郎、当時・トヨタ会長）などはその代表です。

こうして、80年代に一部先進国で始まった新自由主義改革は、冷戦後には日本、ドイツ、さらに途上国を巻き込んで急速に世界規模に広がっていったのです。世界化した新自由主義改革は、どこの国でも共通した3つの柱をもっていました。

第1の柱は、企業の利潤拡大の決め手となる労働者の賃金の削減です。イギリスやアメリカの新自由主義改革が、まず労働者の高賃金体制を支えてきた労働組合への攻撃から始まったのは、そのためです。日本では、この柱の改革は、正規従業員中心、終身雇用、手厚い企業内福利を柱とする日本型雇用を解体して、正規労働者をリストラし、非正規労働者に置き換える改革が中心となりました[32]。日本型雇用は、それまで日本企業の競争力の源といわれていましたが、グローバル競争の下では、正規従業員の年功賃金はかえって競争力低下の原因と見なされたのです。

第2の柱は、資本の負担軽減のための、企業の利潤にかけられる法人税や社会保険に対する企業負担の削減です。いくら企業が儲けても税金でもっていかれてしまっては元も子もないからです。そのためには財政の削減か、代替財源が求められます。この代替財源となるのが消費税ですが、もう一方の財政削減の決め手は社会保障費の削減です。社会保障費のなかでも大きな比重を占めるのが年金と医療費であり、これが、どこの国でも、新自由主義改革の中心に医療制度改革が据えられる理由となります。

3つ目の柱は、弱小産業や農業に対する保護の撤廃、資本の活動に対する規制さらに環境や国民の安全確保のための規制や保護の緩和、撤廃です。この中の農業や弱小産業の保護や規制は、自民党政権の支持基盤を保護することで政権の安定を維持するための柱でもありましたが、今や、大企業の競争力にとっては「二重の高コスト」と見なされ、新自由主義改革の標的となったのです。なぜなら、農業や弱小産業に対する保護と利益誘導政治は、一方で財政を肥大化させ、法人税減税など企業負担軽減の足を引っぱるとともに、さらに、高い農産物や日用品となって労働者の生活費を割高にし、その賃金切り下げの障害となると見なされたからです。また、こうした弱小産業に対する保護や規制を取り払うことで、農業やサービス部門への大企業の進出、市場づくりも可能となります。

こうした新自由主義改革がめざす3つの柱を実現する上で、社会保障分野、中でもとり

わけ大きな比重を占める医療制度の改革は、労働者のリストラ、非正規化という労働分野の改革に並ぶ重点課題となったのです。

（3）医療に対する新自由主義改革にも着手

　日本の医療保障制度を、新自由主義的に改革するということは、①この医療保障制度を維持するために企業が負担させられている法人税や社会保険料といった社会保障費負担を軽減し、同時に、②制度内に存在する様々な公的規制を緩和・撤廃して、③営利企業にとって魅力的な投資対象となるような市場として整備する、ということです。その時に「岩盤」として立ちふさがるのが、医療に対する公的責任という考え方と、供給の安定性、安全性、平等性確保のためにつくられている公的医療保障制度、並びにその運営のあり方にかけられている厳しい公的規制です。そのため改革政策は、80年代のような単純な医療費抑制策にとどまらない、皆保険のあり方に関わる考え方＝国民の間に根付いている制度のあるべき姿像、そしてそれを具体化した保険制度と医療提供体制の仕組み、これらの構造を一体的に変えていく改革として進められることになります。

　この構造改革政策は、規制緩和や市場化推進の面では90年代の比較的早い時期から見てとることができます。
　まず、医療機関がある医療行為を行って診療報酬を算定する際に整えておくべき施設や人員配置に関する要件（総称して基準、あるいは施設基準と呼びます）を満たしているか否かの事前承認制（行政による事前の内容確認という「規制」有り）から届出制（事前の内容確認なしへと「規制緩和」。実施内容については医療機関において責任を持ち、実施後に不備や問題が発見された場合は、診療報酬の返還や処分に応じるという市場型ルール）への移行です。1994年の診療報酬改定で導入され、以後診療報酬の各領域に大きく入り込んでいきます。私たちはこれを「届出医療」と呼んで注意を喚起してきました。

　これに加えて同じ年の診療報酬改定で、病院や有床診療所に対して、「付き添い」を廃止する代わりとして新看護体系が導入されました。これは、看護職＝有資格者と、看護補助職＝無資格者を分離し、患者に対する看護職の配置数や割合によって算定できる看護料をランク分けするものでした。こういったものが診療報酬点数表の中に入り込むことにより、看護要員や施設の充実度を競う病院間競争が組織されるようになります。当時の看護婦不足は、看護職を確保できない中小病院の淘汰を促進し、それまでそういった医療機関が果たしていた要介護者の受け皿機能を後退させていきました。この受け皿機能の後退がおこる一方で、いわゆる「社会的入院」に対する批判がマスコミを動員して加えられます。

　医療者の側でもこの問題に対する問題意識や、戦後の医療保障の充実がもたらした長寿化に対して、対応策の必要性が感じられていたこともあり、次の2つの「解決」策が受け入れられていきます。1つは、いわゆる「在宅医療」です。1994年には、健康保険法上の療養の給付に「在宅医療」が加えられると

同時に、診療報酬点数表上の医療行為区分に「在宅医療」が設けられました。そしてもう1つが、社会的入院患者の医療保険からの移行先としての介護保険の創設です。

こういった動きに呼応するように医療提供体制の面では第2次医療法改正が行われ（1992年）、先述の「在宅医療」を提供する場としての「居宅」の明記と同時に、療養型病床群と特定機能病院という慢性期・急性期の両極に位置する病院機能の分化策が導入されました。ここから、今日まで続く全ての病院の、慢性期型入院機能と急性期型入院機能への分割再編が開始されることになりました。それまで自院に来院する患者さんの様々な状態に合わせて、弾力的、総合的に医療提供を行ってきた病院に対し、そういう"非効率な"医療提供のあり方は止め、自院の能力に応じた機能を役割として選択し、その役割の中で生き残っていくことが求められるようになりました。「競争と選択」こそが、効率的で質の良い医療を実現する。患者と医療者（医療機関）の関係は、「消費者（患者・利用者）と事業者（医療機関・施設）」間のサービス利用（購入）契約の関係にある。従って、患者の側も自分の選択に責任を負わなければならず、その責任負担を求めることに対する代償として、医療機関に課せられていた患者向け広告の規制も緩和されることになったのです。「患者さま」から選ばれるためにと称するコマーシャリズムが、広く医療界を覆うようになっていきます。

この頃、皆保険をはじめとする社会保障制度の整備に関わって戦後、歴史的な役割（1950年勧告）を果してきた社会保障制度審議会が、50年勧告とは逆の意味で"歴史に残る"仕事をすることになりました。

同審議会は、2001年にその歴史に幕を閉じたのですが、その最後の仕事は、憲法25条に基づく社会保障の制度理念、すなわち生存権保障に対する国家責任の位置づけを、生存ライン以下に落ち込みそうな者に対する最終的救済手段としての「公助」に限定するという、原理的な転換を図ることでした。そして、公的保障ではなく、「自助（家族と自己の負担）」と「互助（ボランティア）」と「共助（保険）」があってはじめて成り立つ介護保険制度の創設へと道を拓いたのです。

1993年から95年にかけて同審議会が行った報告・勧告の類に盛り込まれていたのは、「社会保障は、みんなのために、みんなでつくり、みんなで支えていくもの」「わが国では社会保障は、憲法25条の規定から権利として保障されるべきことが要請されている。しかし、国民が社会保障を権利として受けるとは言っても、国民の生活のすべてを国や地方公共団体が保障するわけではない。国民は自らの努力によって自らの生活を維持する責任を負うという原則は依然として重要である」というメッセージでした[33]。「自己責任」「自助努力」の強調です。こうした理念転換により、社会保障に対する公的責任は国・自治体から「みんな」＝国民へと移し替えられ、その後国により強調されるようになった、「公助」に頼らない「自助・互助・共助」型の社会保障に向けて、考え方の転換が図られたのです。ここに見られる「自己責任」をベースにした社会保障というとらえ方は、戦後新憲

法を手にした国民が希望を託した、福祉国家や社会保障のあり方とは大きくかい離したものでした。

この社会保障制度審議会での議論を受ける形で、厚生省内では、本格的な制度構造改革のメニュー検討が進められました。医療保険審議会における高齢者医療、診療報酬、薬価制度、医療提供体制のあり方に関わる検討（1996年）[34]、厚生省の独自作業である「21世紀の医療保険制度―医療保険及び医療提供体制の抜本的改革の方向」（1997年）、医療保険福祉審議会制度企画部会における具体的な制度の設計変更提案（1998〜99年）[35] などです。そしてこういった作業に反映させる改革方針を政府内の政治的合意としてとりまとめたものが、与党医療保険制度改革協議会による「医療制度改革の基本方針」（1997年）、「21世紀の国民医療―良質な医療と皆保険制度確保への指針」（1997年）などです。

21世紀に入ってからの新自由主義改革の本格実施期には、この時期に検討された政策メニューの多くが活用されていきます[36]。

こういった皆保険体制の根幹に関わる制度の転換や、新自由主義改革手法の開発調整が図られる一方で、90年代中期から末期にかけての行政部面における実際の作業は、高齢者医療から介護部分を分離する作業に多くの力が注がれました。橋本内閣の下で介護保険法は97年、法として成立（2000年施行）。社会保障における21世紀は、この介護保険が尖兵的な役割を果たし、医療部面における小泉「構造改革」＝「新自由主義改革（構造改革）の本格実施」を一気に現実のものとしていきました。

5．新自由主義改革（＝構造改革）の本格実施（2001年〜2006年）

（1）小泉内閣はなぜ生まれたか？

すでにみたように、財界と自民党指導部も、90年代中葉から日本の新自由主義改革を推進する必要性を痛感し、その実行に踏み切っていました。1996年に成立した橋本龍太郎内閣が行った「6大改革」は、その典型でした。ところが、日本では、この新自由主義改革は、なかなかスムーズには進みませんでした。理由は、新自由主義改革が、ほかでもない自民党の支持基盤である地方や中小零細企業層を直撃するものだったからです。つまり自民党政権は、財界や大企業が望む新自由主義改革を遂行することで自らの支持基盤を壊してしまうという、矛盾を抱えることになったのです。

その支持基盤を含めた自民党の「古い体質」をぶっ壊すといって政権を獲ったのが小泉純一郎でした。小泉政権の登場で自民党は、新自由主義改革を支持する都市の大企業労働者を中心とする、若手勤労市民層からの支持を得る「改革」政党へと脱皮していきます。この自民党の「古い体質」からの脱皮は、日本のグローバル大企業の利害を代表する「財界」からの強い支持を得ることになり、財界と小泉政権は、共同して首相直属の諮問機関を運営し、経済財政運営方針、規制緩和策などの策定に乗り出していきます[37]。

（２）小泉「構造改革」＝新自由主義改革の本格展開

　この小泉内閣は、「聖域なき構造改革」による小さな政府をめざして、「官から民へ」「国から地方へ」をスローガンに、諸領域における「構造改革」を具体化していきました。その最大のものの一つであり、またその後の医療現場の困難とも密接に関係しているのが、地方制度構造改革です。

　2002年、2003年の「経済財政運営と構造改革に関する基本方針」（いわゆる「骨太方針」）において方針決定された地方財政の「三位一体改革」は、「地方に出来ることは地方にという理念の下、国の関与を縮小し、地方の権限・責任を拡大して、地方分権を一層推進することを目指す」として、①国庫補助負担金の廃止・縮減、②地方交付税の見直し、③税財源の移譲を一体的に進めました。少し長くなりますが、「骨太方針2003」から該当箇所を紹介しておきましょう。

　その中で国は、「『官から民へ』、『国から地方へ』の考え方の下、地方の権限と責任を大幅に拡大し、国と地方の明確な役割分担に基づいた自主・自立の地域社会からなる地方分権型の新しい行政システムを構築していく必要がある。このため、事務事業及び国庫補助負担事業のあり方の抜本的な見直しに取り組むとともに、地方分権の理念に沿って、国の関与を縮小し、税源移譲等により地方税の充実を図ることで、歳入・歳出両面での地方の自由度を高める。

　これにより、受益と負担の関係を明確化し、地方が自らの支出を自らの権限、責任、財源で賄う割合を増やし、真に住民に必要な行政サービスを地方自らの責任で自主的、効率的に選択する幅を拡大する。

　同時に、行政の効率化、歳出の縮減・合理化をはじめとする国・地方を通じた行財政改革を強力かつ一体的に進め、行財政システムを持続可能なものへと変革していくなど、『効率的で小さな政府』を実現する」ことをめざせとしています。そして、2003年度から2006年度までの4年間で、国庫補助負担金で5.2兆円を削減し、それに対して見合うだけの税財源を移譲するとする一方で、地方交付税関連で5.1兆円を削減。その結果、地方は、自主財源となるような税財源に乏しい財政力の弱い自治体を中心に、大打撃を受けるとになりました[38]。

　こうした地方財政の大削減と並行して政府が進めたのが、いわゆる「平成の大合併」、自治体合併です。合併によって、大規模に自治体施設を統廃合し、公務員の人数を削減することで、地方財政の削減に"対処"させようとしたのです。そのため、政府は、新自治体建設計画の事業費として国が70％負担する合併特例債などの誘導策を用意して、合併を促しました。その結果、市町村自治体は、その規模で見て1999年時点で平均人口36387人、面積114.8㎢だったものが、2006年段階では、平均人口65499人、面積204.0㎢と、どちらも約1.8倍という規模に拡大。自治体数は、2004年の3132が、2年後の2006年には1821へと激減してしまいました[39]。多くの自治体が、住民の生活感とはかけ離れた規模のものになってしまい、地域の歴史と文

化を刻んだ地名さえ失われてしまいました。

　自治体は行政のスリム化、効率化ばかりをめざすようになり、地域や住民生活の実態把握、住民福祉の充実に対する行政責任とその担い手としての公務員の養成と配置、彼らによるアウトリーチ型の業務、こういったものを財政削減の立場から軽視するようになります。

　この自治体の財政難とむやみな大規模化は、自民党政治の転換による地方への公共事業費撒布の縮小と、グローバル企業の国内工場の海外移転、この２つで雇用先を失いつつあった地方の経済を直撃し、その後の地方の崩壊、都市部への人口流出、地域住民の社会的関係の解体に拍車をかけることになりました。その影響は、地域の医療にも及びます。私たちが「政策医療」と呼んで公的医療機関にその役割を期待していた赤字不採算部門を引き受け、地域医療を下支えしてきた自治体立医療機関は、不採算部門の筆頭に挙げられ、その後の縮小、廃止、移譲、民営化へと押し流されて行き[40]、国保や介護保険等、福祉行政の窓口業務を民間企業に外部委託する自治体まで現れてきます[41]。

　この「国から地方へ」「官から民へ」の流れが強制される中で、医療制度本体についての構造改革に手が付けられたのです。

　第１章で詳述したように、日本の医療保障制度である皆保険制度は、「いつでも、だれでも、必要な時に、必要な医療を、必要なだけ」受けることができる制度です。構造改革推進派は、この寛容な制度には、それまでのような緩い抑制策（患者の窓口負担の引上げ、病床の総量規制など）だけではだめだと考え、もっとシステマティックに医療費の伸びがカットされる仕組みに、制度構造自体を改革すべきだという政治的圧力を強めていきました。そういった圧力を背景に、厚労省は、高齢者を対象とする医療保険制度の改革を手始めに、提供体制を含む医療制度の全体を「国から地方へ」「官から民へ」と移管させていく政策を構想し始めます。

　まず始まったのが医療保険制度改革です。それは、都道府県単位の広域連合が運営する「後期高齢者医療制度[42]」の創設、「政府管掌健康保険」の「全国健康保険協会」による「協会けんぽ」（財政は都道府県単位）への移管[43]、市町村国保の都道府県単位化[44]などとなって結実します。この３つの医療保険の加入者数を合計すると総人口の約７割に達します。都道府県単位に医療保険を統合再編し、その運営を都道府県に任せるための仕組みが出来上がりつつあります[45]。この都道府県単位を軸とした保険者の再編・統合策と高齢者医療費に対する自律的管理の仕組みの導入について、厚労省は「医療保険の構造改革」と呼び、2008年からの本格稼働に向けて動いていきました[46]。

6. 新自由主義改革の矛盾の爆発と国民の運動、民主党政権の時代（2006年～2012年）

（１）新自由主義の矛盾の爆発と反新自由主義の運動

　ところが、その構造改革の流れに歯止めを

かける事態がおこります。画期となったのは2006年です。

この年の1月3日、朝日新聞に就学援助[47]問題が取り上げられます。援助支給対象の学童がそれまでの4年間で4割増加。1月4日には毎日新聞が「無保険30万世帯超2000年度の3倍」という問題を取り上げます。どちらも1面のトップです。そして7月にはNHKが「ワーキングプア」を放送。翌2007年1月には日本テレビで「ネットカフェ難民」が取り上げられています。つまり、この時期まで、何となく感じていた「貧困・格差社会」の実態が、マスコミの関心対象になるほどの大きな社会現象として取り上げられるようになったのです。

この前年（2005年8月）、「郵政民営化」を掲げていた小泉首相は、これに反対し、民営化法案の成立阻止に回った従来型の自民党議員たちを「改革に対する抵抗勢力」と呼び、排除すべく[48]衆議院を解散、総選挙に打って出ました（郵政選挙）。郵政民営化は、新自由主義改革の3つ目の柱である「公共部門の民営化と市場創出」策の典型です。自民党はこれにより衆参で過半数を確保。結党以来の敗北を喫した民主党（当時）は、岡田代表が即日辞任に追い込まれます。これによって新自由主義改革は、向かうところ敵なしで進むのかと思われたその時、日本社会は、この改革が生み出した「ワーキングプア」「ネットカフェ難民」といった問題の顕在化現象に目を向けざるをえなくなったのです。

2002年「金融再生プログラム」（竹中プラン）による不良債権処理を梃子に強行された大規模なリストラ[49]、多くの企業での正規従業員の採用縮小や数次にわたる労働者派遣法の改悪による低賃金非正規労働者層の増大、社会保障予算の総額抑制、医療における窓口負担の引上げ、診療報酬のマイナス改定、生活保護における高齢者加算や母子加算の廃止・見直し、障害者福祉分野への利用料負担の導入など、社会保障の抑制・後退や地方の荒廃がもたらした「格差と貧困」に対する国民からの批判が高まります。「反貧困」運動がその中心を担い、ここに「後期高齢者医療制度廃止運動」や「障害者自立支援法廃止運動」「生活保護改悪反対運動」などが合流し、国会を取り巻く情勢は大きく変わっていきます。

この世論の変化に敏感に反応した自民党は、小泉内閣の後、第一次安倍、福田、麻生内閣において、新自由主義改革のスピードを一時緩め、矛盾を緩和する政策を施さざるをえなくなります。社会保障分野における「社会保障国民会議」（福田・麻生政権）や「安心社会実現会議」（麻生政権）における社会保障の機能強化を柱とするあり方検討は、そのことを表しています[50]。

しかし、そういった自民党の努力にもかかわらず、国民の支持は自民党を離れていきます。この時期、保険医協会をはじめとする医療運動は、新自由主義改革で傷ついた社会保障制度を元に戻し、より前進させていくため、反貧困の運動などと共同して国や民主党を始めとする議員たちへの働きかけを強めていきました。

この国民の声に応える形で変化し、政府・与党に対峙していったのが、民主党でした。民主党は、その誕生の経緯から言えば、自民

党とならぶ二大政党の片割れとして、自民党政権から国民の支持が離れた際の受け皿になりつつ、新自由主義改革を進める政党として成長してきました。しかし、新自由主義改革の矛盾が誰の眼にも明らかとなり、改革を推進してきた肝心の自民党自身が一定の見直しを掲げ始めた中では、独自性を打ち出すためには、より鮮明な反新自由主義改革的な立場を打ち出さざるをえなくなってしまったのです。その結果、2007年の参議院選挙、2009年の衆議院選挙に勝利し、政権交代を実現することになります。

（2）民主党政権の誕生と変質

民主党政権は、国民の支持の底にある新自由主義改革に対する不信感に支えられて政権の座につきました。政権発足当初は、国民向け選挙マニフェストに謳った福祉の充実策などを中心に公約実現に向けて努力しました。生活保護における母子加算の復活、子ども手当の創設、高校授業料無償化、「消えた年金」問題への対応、農家戸別所得保障、普天間基地の辺野古移転計画の見直しなど。しかしその足取りは、すぐに覚束なくなります。支持率の低迷を受け、鳩山首相が辞任。それを引き継いだ菅政権は、2010年の参院選で敗北し、衆参はねじれ状態となります。そのような状態の中、2011年3月11日、東日本大震災とそれに伴う福島原発事故が発生します。この問題への対応のまずさに加え、財政問題への対応としての消費税引上げの表明（政府・与党社会保障改革検討本部は、2011年6月30日「税と社会保障の一体改革成案」を取りまとめ、翌日閣議決定）に対する国民の不満などを受け菅首相も辞任。この内閣の財務大臣として消費税引き上げ方針のとりまとめを行った野田佳彦が後を執ります。そして、この野田内閣において、2012年2月12日民主党は「社会保障・税の一体改革大綱」を閣議決定。6月15日にこれの関連法案について自民・公明を加えた3党による合意（いわゆる3党合意）を得、8月には社会保障制度構造改革の基本方針を記した「社会保障制度改革推進法[51]」を成立させます。今問題になっている「地域包括ケアシステム」は、同法に基づき設置された「社会保障制度改革国民会議[52]」による今後の社会保障改革の具体化検討の中で提案されてきたものです[53]。

7．新自由主義改革の仕上げに向けて―安倍内閣

（1）徹底した社会保障制度の構造改革

野田民主党が歴史的大敗を喫した2012年12月、第2次安倍政権が発足しました。安倍政権は、先の3党合意を踏まえ野田政権からの方針をそっくりそのまま引き継ぎます。2013年3月TPP交渉への参加を表明。6月14日「日本再興戦略（骨太方針・規制改革実施計画）」を閣議決定。経済政策として「アベノミクス」を打ち出し、7月の参院選で大勝した後、2014年4月からの消費税8％への引き上げを決定します。

11月27日には「国家安全保障会議（日本

版NSC）設置法」、12月6日「特定秘密保護法」、12月7日加計学園問題で国民も広く知るところとなった「国家戦略特区法」成立。社会保障では、先の推進法を受けてその具体化プログラムを定めた「持続可能な社会保障制度の確立を図るための改革の推進に関する法律（社会保障改革プログラム法）」を成立させます。

このプログラム法を受けて、2014年6月成立したのが「地域における医療及び介護の総合的な確保を推進するための関係法律の整理等に関する法律[54]」（医療・介護総合確保推進法）です。今、地域で進められている「地域医療構想」、「地域包括ケアのシステム化」等、医療と介護の提供体制の改革はこれに基づくものです。

また、第4章で詳述する新専門医制度も、この年に提案され、医療を提供する医療機関の統合再編策に合わせて、医療を提供する医療者の養成・配置に対する管理統制をシステム化するという側面を持つものとして注意すべきものです。

このように第2次安倍政権は、民主党政権発足の原動力となった国民の新自由主義改革への抵抗感を抑え込み、その後着々と制度の構造改革を進めてきました。医療や社会保障だけでなく、国の安全保障問題の分野でも、2014年には集団的自衛権の行使容認へと憲法9条の解釈を変更。翌2015年には安全保障関連法を成立させ、さらにその限界突破をめざして9条そのものの改正を実現しようとしています。

2018年4月からは、医療保険の運営を含めた医療政策の実施責任を都道府県に移行させることになる国保の都道府県単位化が実現しました。都道府県は、「地域医療計画」「地域医療構想」「医療費適正化計画」等々、様々な医療関連計画を立案。そこに盛り込んだ目標の達成と国保の経営状況を国から管理統制されることによって次第に住民福祉の立場から、住民管理の組織へと様変わりしつつあります。まさに「国から地方へ」に込められていた、地方自治体を新自由主義改革の実行主体に生まれ変わらせるという狙いが、この医療分野においても具体化されつつあるのです。

新自由主義改革＝構造改革の3つの柱を実現するための手法、すなわち歳出抑制と規制緩和、「国から地方へ」「官から民へ」は、私たち医療の現場で働く者や患者さんに対し、様々な困難を生み出し続けています。東京を中心とした関東圏への人口集中と、その対極における地方の崩壊、地域社会の荒廃。自治体、公務労働への民間経営手法の導入に伴う医療やケア領域における普遍的な福祉保障という考え方の後退。一部上位所得層を除く多数派国民のところでの不安定就労の拡大と傾向的所得減少、階層落下。それを背景にした未婚、少子化、子ども虐待、社会的孤立者の増大。こういった困難の原因は、何なのか。その原因を除去することなくして、問題は解決しないのではないか。私たちは今一度、この問いを立ち上げる努力をしてみる必要がありそうです。

8. 対抗構想としての社会保障基本法と新福祉国家構想

　近年の医療制度改革に関する研究者や関連諸会議の議論では、今、制度改革が必要とされる理由として、国民の長寿化に伴う「治す」医療（＝感染症対策を中心とする急性期医療）から「治し支える」医療（＝療養介護、看取りを中心とする慢性期医療）への医療制度の転換の必要性が強調され、これまでの提供体制は、こうしたニーズに対しミスマッチとなっているとして、病院完結型医療から「地域包括ケア」型医療・介護、「自立支援」型の医療への改革が訴えられています。ところが、これに対し国が言っている「地域包括ケア」と「自立支援」型医療というのは、その仕組みを説明するための中心概念が「自助」「互助」「共助」になっていて、国の責任においてこれを進めることにはなっていません。そこにあるのは財政保障抜きのボランティアへの期待であって、国としてのナショナルミニマム保障に対する責任の自覚はありません。

　たしかに、「治し支える」医療へということ自体は間違っていないかもしれません。問題は、「治し支える」医療・介護がなぜ、国の言う「地域包括ケア」「自立支援型」医療に結びついてしまうのか、その点が全く説明されていないというところにあります。ここには、「治す」医療から「治し支える」医療へという課題が、これまでこの国で進められてきた新自由主義改革を不動の前提とし、その枠組みの下でのみ議論されていることが見てとれます。それでは、本当に患者さん、住民にとって望ましい包括的なケアの提供体制＝「地域包括ケア」も、自律的に人生を生きていくための公的支援医療＝「自立支援型医療」も、実現はしないのです。

　同じことは、少子化、高齢化という周知の問題でも言えます。団塊世代がすべて75歳以上となる2025年問題やそのジュニア世代が65歳以上となる2035年問題、65歳以上人口がピークを迎える一方での全体人口の減少という2040年問題、これらへの対応として検討が進められているのも、在宅看取りや終末期医療の見直し、終活などを使った手のかからない死に方の制度化と推奨なのです。

　そして、今日の国家財政が抱える多額の特例国債の問題も、「財政再建」の必要性と抱き合わせでの、社会保障財源としての消費税増税不可避論へと導かれます。しかし、70年代以降、特例国債が積みあがってきたのは、自民党が長年にわたって行ってきた利益誘導型の開発主義政治に加えて、新自由主義改革の進展に伴う地方の崩壊、地域の崩壊、生活困難、頼りにならない福祉、行政、それらを許してきた政治、こういったものに対する国民の怒りに対する手当が必要と考えられたからであり、政権の側に、一定の財政的配慮をする必要性があったからです。

　新自由主義改革を進める政治のそういった問題を取り上げることなく、新自由主義改革ありきの議論を続けていくことは、その内容がいくらデータや数式を駆使した「科学的」なものであったとしても、我々が直面している困難を最終的に解決する手段としては、力になりえません。なぜなら、本論で詳述したように、新自由主義改革には固有の目的があり、地域と暮らしの破壊は、この新自由主義

改革が政治方針として続く限り終わることはなく、問題は時と所を変えて拡大、再生産されていくからです。

真の活路は、この新自由主義改革からの早期離脱以外にはありえません。それをめざす勢力を国民の多数派とするための運動と、その運動に力を与えるための対抗政策の練り上げこそが求められているのです。この点で京都府保険医協会は、90年代末以降、一貫して対抗政策の検討と公表、その実現に向けた運動の強化に取り組んできました。

特に、新自由主義からの現実的な離脱策の第一歩は、日本をかつてのヨーロッパで行われていたような福祉国家型の政策を中心とした政治へと転換させることだと考え、その執るべき政策について、社会保障政策を中心にとりまとめ、「社会保障基本法法案」として公表してきました[55]。

政治を変えるとは、支持政党の選択を変えるということではありません。政治を変えるとは、政策を変えることであり、その実現をめざす運動を作り、その力を後押しに政治を変えるために頑張れる政党・政治家を育てるということです。

そして、私たちの保険医協会は、私たちの医療を守るために、戦後70年に亘ってそれに取り組み続けてきた組織なのです。

1　1905年の鐘紡共済組合・八幡共済組合、1907年の帝国鉄道庁現業員共済組合、以下、明治末から大正にかけて専売、印刷、海運、陸運林野などの官業共済組合

2　この同じ年、イギリスでは、今日の同国医療制度の礎となった「国民健康保険法」が成立し、ドイツでは、「国家社会保険法」「職員保険法」ができることによって、ビスマルク社会保険（1883年・89年）の全国民規模への拡大が行われている。また、アメリカにおいても、「労働者災害保障法」が成立し、同じ年、強制的健康保険の導入が試みられるが、これは失敗に終わる。同国における生命保険会社の急激な発達によって反対圧力がかけられたためと言われている。

3　その前身には、江戸時代から福岡県や熊本県などに存在したと言われている「定礼（じょうれい）」という医療互助組織や、1900年（明治33年）の産業組合法により東北地方で組織された「医療利用組合」など、日本的な地域保険の原型ともいうべき仕組みが存在していた。国保を立案するにあたって内務官僚もこういった既存の組織から多くのことを学んだと言われている。

4　診療報酬は円建てではなく、点数建てで作られている。その点数に乗じる1点あたりの値段のことを単価と言い、現在は、日本中1点単価は10円だが、当時は、この単価が地域によって2～3通りに分かれていた。

5　七人委員会のメンバー：今井一男（非現業共済組合連合会理事長），稲葉秀三（国民経済研究協会理事長），近藤文二（大阪市立大学教授），清水 玄（船員保険会会長），高橋長太郎（一橋大学学長），中村建城（日本開発銀行理事），平田富太郎（早稲田大学教授）の7氏で、今井氏が代表委員。

6　団体委任事務：2000年の地方分権改革以前の地方公共団体の事務の分類で、法律または政令により国家から地方公共団体に委任された事務のこと。地方公共団体が本来的に有している事務は固有事務。

7　安保闘争：岸信介内閣が推進した日米安保条約の改定に反対して、1959年から1年半にわたり闘われた運動。岸首相は、1952年の講和と同時に締結された旧安保条約を改定し、一方でアメリカの日本防衛義務を明示するなど旧条約の「不平等」を是正することで米軍の基地使用を安定的に保証するとともに、日本国内の米軍に対する攻撃に対しては日米共同対処を義務

づけることで、日米軍事同盟の側面を強化することを目指したが、その改定は、日本がアメリカの起こす戦争に加担することになるという危惧から、反対の声が起こった。この闘いは、それまで対立しあっていた社会党と共産党が、総評の仲立ちにより「安保条約改定阻止国民会議」を結成し戦後初の本格的な共闘を組んで闘われ、大きな盛り上がりを見せた。反対運動の昂揚に焦った岸内閣は、60年5月19日、警官隊を導入して批准を強行採決したが、それを機に、平和への危惧に加え、民主主義の危機に対して広範な市民が立ち上がり、運動は未曾有の昂揚を見せた。条約の改定は強行されたが、岸内閣は総辞職を余儀なくされ、以後自民党政治は大きく転換した。それまで、自民党政権が追求していた憲法改正や復古をめざす政治は断念され、「国民所得倍増計画」に代表される、経済成長と国民生活向上の施策が重視されるようになった。安保闘争は、社会運動の側にも大きな影響をもたらした。「共闘」が運動の合い言葉となり、平和と民主主義の課題だけでなく、福祉や生活の問題でも共同のとりくみが前進した。共闘はその後国政レベルでは困難を抱えたが、地方自治体のレベルでは、革新自治体をつくる共闘に結びついた。

8　朝日訴訟：1957年、国立岡山療養所で結核加療中だった朝日茂氏（1913～64年）が生存権の保障を求めて起こした裁判。朝日氏は、生活保護法に基づく医療扶助、生活扶助を受けていたが、社会福祉事務所は、同氏の実兄に仕送りを求め、月1500円の仕送りを受けると、朝日氏に支給されていた生活扶助費の内月600円の日用品費を打ち切り、残り900円を医療費の自己負担に充当する旨の決定を行った。当時の生活保護における日用品費は月600円（シャツを2年に1枚、パンツを年に1枚程度という基準）。これに対し、朝日氏は、東京地裁に対し同基準は、健康で文化的な生活の保障（生存権）を定めた憲法25条、生活保護法に違反するとして、生活保護処分に関する裁決取消を求める行政訴訟を東京地裁に起こした。

　この裁判は、人間に値する生活とは何かを問う「人間裁判」と呼ばれ、分野や地域を越えた支援の輪が広がり、「朝日訴訟を勝ちぬく列島縦断大行進」が3回もおこなわれ、1960年、東京地裁は、憲法25条の「健康で文化的な生活」は、国民の権利であり、国は国民に具体的に保障する義務があること、それは予算の有無によって決められるのではなく、むしろこれを指導支配しなければならない、と判決した。

　しかし、第2審は、最低限度の生活水準は、固定的なものではなく多くの不確定要素を総合して考えなくてはならず、本件保護基準は「すこぶる低額」ではあるが違法とまでは断定できないと逆転判決。朝日氏は上告するが、そのさなか、朝日は死去し、67年、最高裁は本人死亡をもって訴訟終了宣言を行うとともに、「なお念のため」という悪名高い傍論で事実上厚生大臣の裁量権を認めるような判示をした。けれども、この朝日訴訟は、生活保護基準の相次ぐ引き上げを始めその後の社会保障行政に大きな影響を与えた。（朝日茂氏の手記『人間裁判』大月書店　参照）

9　転帰：病気が進行して行き着いた結果のこと。カルテ上では、治癒・中止・死亡などと表記する。

10　「社会保障の総合調整に関する基本方策についての答申及び推進に関する勧告」（1962年7月）

11　療養の給付：日本の医療保障制度は、必要充足型の給付＝現物給付が原則となっている。これを健康保険法では、「療養の給付」という言葉で規定。これに対し、あるサービスに対して給付する金額（その上限）を決めておき、そのサービス内容で被保険者の必要が十分満たされるかどうかに関わりなく、限度額の範囲内で一定の現金を支給する方式のことを、費用補助型の給付＝現金給付と呼ぶ。医療ではこれを「療養費の支給」という言葉で表現しており、医療保障制度の中にもこの「療養費の支給」は組み込まれているが、対象範囲は例外的限定的で、医療技術や薬剤など医療本体はあくまで「療養の給付」＝現物給付方式で給付されている。

　これに対し、介護保険からの給付（介護給付費）や障害福祉における障害福祉サービス費、保育における利用者に対する費用保障などは、費用補助型の給付である。福祉を含めた社会保障分野において新自由主義的な改革が進む中、この費用補助型の給付＝現金給付分野が拡大している。先鞭をつけたのは2000年に導入された介護保険で、障害福祉や保育は、もともと「措置制度」の中で現物給付されていたものが、新自由主義改革が進む中で、介護保険をモデルに費用補助型の現金給付へと変えられてしまったのである。

　このように現物給付型から現金給付型に制度が変えられていくのは、現物給付が、被保険者の必要を充足させる上で必要なサービスを、提供者（医療であれば医師）の専門的判断により給付制限なく提供することのできる仕組みであるため、提供量を管理したり総額予算管理したりすることが難しいからである。

　新自由主義改革は、資本に対してかかっている法人税や社会保険料などの負担を削減することが、その目

的の一つであることから、こういったサービス提供量の総量規制、総額管理が可能な方式への制度の構造改革が図られているのである。

12　たとえば京都では、京都府保険医協会、京都府医師会により制限診療撤廃運動が1962年頃より取り組まれている。具体的には、診療報酬請求時に加えられた不当な疑義解釈（保険請求を認めるに際して設けられていた医学的常識に基づかない不当な要件）の撤廃を求める運動の形で取り組まれた。これにより、保険未収載新薬の収載促進、陳腐化した治療方法の見直しなど、数多くの制限診療が見直されていった。

13　1960年、日本で初めての高齢者（65歳以上）の窓口負担ゼロを実現したのは、1年の半分近くが雪に埋まる医療過疎地、岩手県沢内村である。沢内村は、村の地域医療を支えてくれる医師や保健婦などの人材を確保すると同時に、全住民の健康台帳を整備。積極的な健康づくりと同時に医療へのアクセスを障害する経済的負担の解消を図った。

　　負担軽減は、高齢者だけではなく1歳未満の乳児についても1961年に無料化を導入。同じ年高齢者については、65歳を60歳に引き下げた。その結果、それまで死亡率が7％にも上っていた乳児死亡率は1962年に全国で初めてゼロを達成。

　　当時これを行った同村の深沢村長は、国から国民健康保険法違反との指摘を受けたが、「国は後からついてくる」と言って譲らなかったという。この流れは多くの国民の支持を受け、69年には秋田県、東京都が。73年には70歳以上に限定した形ではあるが、国も同制度を導入した。

14　1950年に誕生した京都府（知事：蜷川虎三）を皮切りに、1960年代の中頃から、革新統一、社共共闘、社公民共闘など革新系諸政党の選挙協力による首長が誕生し、大都市とその近郊都市を中心に急増した。その数は、1977年には約150を数えたと言われる。

　　なお、「革新政党」とは、現在の政治体制に対しその変革を求める政党。日本では一般に社会党（現・民主社会党）や共産党を指していた（現政治体制の維持を求める政党＝保守政党）。最近の世論調査では、若年層を中心に「改革＝自民党、維新」「保守＝共産、社民」というイメージで捉える傾向にある。「構造改革」「岩盤規制の打破」といった革新的なキャッチコピーが使われる新自由主義改革下、各政党には、これを推進する政治をどう評価し、どう対処するのかが問われている。

15　吉原健二・和田勝『日本医療保険制度史（増補改訂版）』P145、東洋経済新報社、2008年

16　この時は月3万円を超える自己負担分が対象。ただし、この当時（1961年頃）の労働者の収入は、全産業労働者の平均現金給与総額が2万6,626円（労働省毎月勤労統計調査）、サラリーマンの平均月収が4万5,000円（総務庁家計調査）という時代である。

17　この時期の医療機関整備政策の例として、厚生省は、1959年3月、医療を受ける機会の平等の観点から医療機関の適正配置を図ることが必要として、医療法の一部改正案を提出。成立はしなかったが、これを受けて1962年3月、議員提出案件として医療法改正法案が提出され、9月、「公的性格を有する病院の開設等を規制し医療機関の地域的偏在を防止するとともにその計画的配置を図ることを目的とする医療法の一部改正法」として公布された。

18　「全国統一給付」に関わっては、診療報酬制度の改善が大きな意味を持つ。診療報酬には、戦前より地域によって差が設けられていた。この地域差は、1944年（昭和19年）、当時の医師会と歯科医師会の要求によって導入されたのが始まりで、6大都市が1点単価26銭、6大都市以外の県庁所在地と人口11万以上の市が23銭、それ以外の市町村が20銭とされていた。この診療報酬の地域差は、1958年（昭和33年）の「新医療費体系」の導入により、甲乙2表の選択制とはいえ、全国統一単価、統一診療報酬点数表により医療給付が行われるようになったのちも引き継がれ、甲表では大都市地域がそのほかの地域より5％高く、乙表では同じく8％高く設定されていた（のちに5.2％まで圧縮）。このいわゆる「地域差」が、1963年（昭和38年）に撤廃されたのである。

19　「必要充足型給付」に関わっては、保険診療の内容に関わる様々な制限撤廃も勝ち取られた。1963年（昭和38年）には、「抗生物質の使用基準」は使用できる医薬品を列挙して定めていたのを廃止して、薬価基準に収載された医薬品ならどれでも使えることになり、使用の順序を定めた表も廃止された。「副腎皮質ホルモン等の使用基準」も、薬価基準に収載された医薬品は使用できるように改正されて、適応症の拡大や使用方法が大幅に緩和された。また、結核の保険診療ついて定められていた「結核治療指針」の改正も行われた。

20　第2次臨時行政調査会：1981年3月、土光敏夫（経団連会長）を会長に有識者21人を専門委員として発足。「増税なき財政再建」を合言葉に、社会保障予算の削減、官業の民営化などを推し進めた。その結果、当時の日本国有鉄道（現・JR）、日本電信電話公社（現・NTT）、日本専売公社（現・JT）が分割解体、民営化された。

21　1973年、国として老人医療費の無料化を実施した田中角栄首相（当時）は、この年を「福祉元年」と呼んだ。

22　第1次オイルショック：1973年のイスラエルとアラブ諸国との間で闘われた第4次中東戦争に端を発する石油供給危機。アラブ産油諸国が石油戦略を発動し、イスラエルに同情的な国に対する石油禁輸措置をとったが、その同時期、石油輸出国機構OPECも原油価格を4倍以上に引上げた。この原油価格の高騰により先進諸国は一気に不況とインフレに陥り、大打撃を受けた。

23　この時期の公共事業を海外とも比較可能な一般政府総固定資本形成の対GDP比で見た時、1960年3.9％、1974年5.2％、1979年6.3％へと右肩あがりで引き上げられている。
　　その後この比率は引き下げられ、80年代後半は4％台であったが、90年代前半には（91年から93年にかけて）一気に6％を超える。対日貿易赤字解消が政治目標になっていたアメリカからの要求で開催された日米構造協議（1990年）の結果、日本は内需拡大策としての公共事業投資の拡大を公約。91年度からの10年間で総額430兆円という「公共投資基本計画」を策定した。その後、同計画は追加見直しが行われ、95年度からの13年間で総額630兆円という規模に膨らまされた（2002年に同計画は廃止）。
　　毎日新聞は「公共事業はどこへ」という連載記事に下記のような道路官僚の回顧談を載せている。（2010年3月4日）
　　『「あるころから、お金を世の中に巡らせることが自分たちの役割となり、お金を公から民へ流す蛇口になってしまった」。道路官僚は説明を続けた。「あるころ」とは政府が公共投資基本計画をまとめた90年を指す。』『「それまでの予算編成は、これをここに造らないといけないから、いくらかかるという考え方だった。だが、これだけ世の中にカネを出さないといけないから、それに見合った仕事を作れというふうに、パラダイムシフト（枠組みの変化）が起きた」と指摘する。』

24　今日の「介護老人保健施設」。医師や看護師の配置数が、医療機関に比較して低く、創設時には、病院と自宅との中間に位置し、自宅に戻るまでの一時的受け入れを行う中間施設という説明が行われていた。医師、看護職等の配置数を60床あたりで比較すると、医療保険が適用される医療療養病床の場合、医師は3人、看護職は12人、介護職が12人であるのに対して、医師は1人、看護職は6人、介護職は14人という低さである。

25　健康保険法本則では2割だが、当分の間は1割とされていた健康保険本人（社保本人）の窓口負担が2割に引き上げられたのは、1997年になってから。これがさらに3割へと引き上げられたのが2003年小泉内閣の時である。

26　退職者国保は、退職後本来であれば国保に加入するはずの70歳未満の被保険者とその家族を市町村国保から切り離して別保険化し、その財源構成を保険者本人の保険料と窓口負担、被用者保険の保険者からの拠出金だけで構成した。その結果市町村国保の負担は減るであろうということで国は国庫負担の削減を行ったのである。

27　特定療養費：日本の公的医療保険からの給付は、法律上「療養の給付（現物給付）」と「療養費の支給（現金給付）」の二つに区分されている。この「療養費の支給」の範疇に、1984年から設置されたのが「特定療養費」である。1984年当時は、高度先進医療の提供、特別の療養環境の提供（いわゆる差額ベッド代）、歯科の特殊材料（金合金、白金加金）の3種類であったが、その後拡大の一途を辿り、2002年段階では13種類となっていた。その後2006年、特定療養費は範囲を拡大、名称変更されて「保険外併用療養費（評価療養・患者申出療養・選定療養）」に再編された。

28　資格証明書：これは、正確に言えば国民健康保険の被保険者となる資格を有していることを証明する証明書のことである。この資格を満たして被保険者になるには、国保の保険料を納める必要があるとされていて、その納付期限が過ぎても保険料が納められない場合、住民票を置いている市区町村から通知書・電話などにより納付の催促が来る。それでも納付しないと「短期被保険者証」という有効期限が数ヶ月の保険証

が市区町村から渡される。その状態のまま納期限から1年経過すると今度は、短期被保険者証が取り上げられ、代わりにこの「資格証明書」が渡される。資格証明書の場合、受診時は医療費を全額負担し、後日申請により自己負担分以外を支給してもらうことになっている。通常、医療費の自己負担は3割だが、資格証明書で医療を受けた方は窓口では10割負担である。

そしてさらに納期限から1年半経過すると、高額療養費などの給付がストップされ、市区町村職員からの督促や納付相談のための来庁の求めなどが行われるようになる。それを無視したり、誓約を破ったりすると、「財産の差し押さえ」処分を受けることになり、口座の凍結、勤務先への給与差押えの通知命令の送付などが行われ、当事者の生活再建はほぼ見通しが立たなくなってしまう。

29　皆保険制度は、保険の仕組みを活用してはいるが、すべての国民に加入を義務化することで、健康な労働力の確保、社会全体の健康度の維持が実現できる仕組みになっている。それは、戦後の日本国民の平均寿命が世界で1、2位を争うようになったことや、安全で安定した社会が維持できて来たことなどに現れている。ここに負担能力の低い国民を排除する仕組みを導入し、さらに窓口負担を引き上げていった結果、今日、多くの国民が経済的理由によって医療にかかることを我慢させられる事態が発生している。90年代末以降急激に進んだ新自由主義改革によって生じた国民の経済格差の拡大が、これに拍車をかけ、最近では、若年者を中心とする非正規労働者にもし賃金が自給1500円に引き上げられたら何がしたいか尋ねると、「我慢せず病院に行く」「手元に残っている薬で我慢しない」といった答えが返ってくる事態になっている。（"#最低賃金1500円になったら"参照）

30　日医総研・前田由美子氏は、ワーキングレポート「国立病院、地方自治体に売ってはいけない―国立病院の移譲問題検討資料として」（2002年）の中で自治体立病院の経営実態を明らかにし、「国立病院・療養所を地方自治体に移譲したところで、財務構造は国立病院時代と本質的に変わらない」「国から地方自治体へ負担を付け回しているだけではないか」と指摘している。国からの付け回しを受けた地方は、自治体立病院の統廃合や民間セクターへの管理運営委託という道を選ばざるをえなくなった。

31　この点については、渡辺治『「豊かな社会」日本―その構造』（1990年旬報社）を参照。

32　日本経営者団体連盟（当時）が1995年に出した提言『新時代の「日本的経営」』は、その主張を盛り込んだもの。

33　社会保障制度審議会「社会保障将来像委員会第一次報告〜社会保障の理念等の見直しについて〜」平成5年（1993年）2月

34　医療保険審議会「今後の国民医療と医療保険制度改革のあり方について（第2次報告）」平成8年（1996年）6月21日、「今後の医療保険制度改革について―当面の改革の重点事項」7月31日

35　医療保険福祉審議会制度企画部会「高齢者に関する保健医療制度のあり方について（意見）」平成10年（1998年）、「薬剤給付のあり方について（意見）」平成11年（1999年）、「診療報酬体系のあり方について（意見）」1999年、「新たな高齢者医療制度のあり方について（意見）」平成11年（1999年）

36　1996年6月21日に医療保険審議会から出された「今後の国民医療と医療保険制度改革のあり方について（第2次報告）」は、これからの医療保険制度の役割は何かという問いかけに対し、①高度化、多様化する医療ニーズを全て公的医療保険で賄うことは困難であるとして、給付の重点化、混合診療禁止の緩和とこれに合わせての民間保険の一層の活用を図るとともに、②当事者の選択と責任の比重を高める観点から、医療機関と保険者の直接契約制と患者自身が適切な選択を行うことが基本であり、そのために広告規制の緩和等を進めるとし、この考え方をベースに保険制度の構造の見直しを進めるべきとした。そして、その際検討すべきとして、「制度改革のための検討項目」を分野別の一覧表にしたものを出している。ここには医療費伸び率管理や平均在院日数短縮、保険医定年制・定数制、偏在是正、医学部定員削減、かかりつけ医の配置、医療計画・診療報酬体系の見直し、医師教育のあり方見直し、患者の受療時の自己決定、死に臨む医療のあり方見直し、給付の重点化（標準的な医療への重点化、軽医療・室料・食事・ホスピタルフィ・医薬品の給付除外、特定療養費の弾力化・拡充、民間保険の活用）、医療保険制度における高齢者の位置づけ見直し、国保の広域化、外来における慢性疾患の包括化や入院における1件あたり（あるいは1日あたり）定額制、総額請負制、総額予算制、紹介無し病院受診の自己負担制、被保険者証のICカード化、レセプト電算処理、等々

その後の制度改革で具体化されたものや今後も具体化が検討される可能性の高いものが多く含まれている。

37　経済財政諮問会議：設置は2001年1月森内閣の時点だが、実質機能し始めたのは4月小泉内閣成立後（中央省庁再編の中で内閣府に設置）。毎年6〜7月頃に出される「経済財政運営と構造改革に関する基本方針（骨太方針）」は、それ以降、予算編成方針を含む経済財政運営に関わる国政の基本方針を決めたものとして扱われるようになっている。

　総合規制改革会議：前身は90年代半ばに設置された規制緩和委員会（委員長はオリックス会長の宮内義彦）。2001年4月中に総合規制改革会議と名称を変え、新自由主義改革における規制緩和部門を受け持ち、2002年、製造業における労働者派遣事業の解禁を含む派遣労働の拡大を答申。2003年には、「規制改革を加速的に推進する『12の重点検討事項』」において下記の12項目を取り上げ検討。厚労省は、ここでの議論を受けて混合診療について、それまでの特定療養費制度を廃止して「保険外併用療養費」を創設。2006年10月より「評価療養」と「選定療養」の二つのカテゴリーで運用。2016年4月にはここにさらに「患者申出療養」を加えた。

＜規制改革を加速的に推進する『12の重点検討事項』＞
1．株式会社等による医療機関経営の解禁
2．いわゆる「混合診療」の解禁（保険診療と保険外診療の併用）
3．労働者派遣業務の医療分野（医師・看護師等）への対象拡大
4．医薬品の一般小売店における販売
5．幼稚園・保育所の一元化
6．株式会社、NPO等による学校経営の解禁
7．大学・学部・学科の設置等の自由化
8．株式会社等による農地取得の解禁
9．高層住宅に関する抜本的な容積率の緩和
10．職業紹介事業の地方公共団体・民間事業者への開放促進
11．株式会社等による特別養護老人ホーム経営の解禁
12．株式会社等による農業経営（農地のリース方式）の解禁

38　「Basic 地方財政論」（2013年）第9章、武田公子「地方自治の財政基盤」参照

39　2019年6月1日現在の自治体数は、1718

40　自治体立病院の民間譲渡例としては、2010年度：福島県いわき市「市立常盤病院」、愛媛県「県立三島病院」、佐賀県武雄市「武雄市民病院」、長崎県長崎市「長崎市立琴海病院」、2011年度：愛知県名古屋市「市立城西病院」、福岡県北九州市「市立若松病院」、長崎県西海市「西海市立病院」、2012年度：福島県伊達市「市立梁川病院」など。（伊関友伸（2014）「自治体病院の歴史―住民医療の歩みとこれから」三輪書店 P587 註113 参照。その他、自治体病院問題については、同著が詳しい。）

41　民間委託については、内閣府からの通知「市町村の出張所・連絡所等における窓口業務に関する官民競争入札又は民間競争入札等により民間事業者に委託することが可能な業務の範囲等について」（平成20年1月17日付、改定版平成27年6月4日付）に、以下の「25の窓口業務」において、民間へ委託可能であることが示されている。①住民異動届　②住民票の写し等の交付　③戸籍の附票の写しの交付　④戸籍の届出　⑤戸籍謄抄本等の交付　⑥中長期在留者に係る住居地の届出　⑦特別永住許可等に関する受付、交付　⑧印鑑登録　⑨印鑑登録証明書の交付　⑩住居表示証明書の交付　⑪埋葬、火葬許可　⑫納税証明書の交付　⑬国民健康保険関係の受付、交付　⑭後期高齢者医療制度関係の受付、交付　⑮介護保険関係の受付、交付　⑯国民年金関係の受付　⑰児童手当関係の受付　⑱精神障害者保健福祉手帳の交付　⑲身体障害者手帳の交付　⑳療育手帳の交付　㉑妊娠届の受付、母子健康手帳の交付　㉒飼い犬の登録　㉓狂犬病予防注射済票の交付　㉔自動車臨時運行許可　㉕転入（転居）者への転入学期日及び就学すべき小中学校の通知

　詳細は、内閣府公共サービス改革推進室発出通知（平成27年6月4日）「市町村の出張所・連絡所等における窓口業務に関する官民競争入札又は民間競争入札等により民間事業者に委託することが可能な業務の範囲等について」を参照。

　民間事業者に各種の行政事務を委託することの問題点については、自治体側からも、①委託料等の県外流出　②官製ワーキングプアの創出　③職員の業務知識の維持・継承困難、といったことが指摘されている。

42　「後期高齢者医療制度」は、▽公費が約5割（国が25％、都道府県と市町村が12.5％ずつ）▽若人が加入する医療保険（健康保険組合や市町村国保）からの支援金が約4割▽高齢者自身の保険料が約1割―という財政構造になっていて、予算を超過して給付が伸びた場合、財政安定化基金から借り入れを行い、翌年以降の保険料への上乗せなどにより返済する形になっ

ている。この仕組みは、介護保険に導入され、財政の膨らみに対する国や自治体からの財源の繰り入れを抑制する上で機能を果たしており、これを後期高齢者医療制度に導入することで、高齢者医療に対する公費負担の軽減が図られている。加入者数は、約1780万人、総人口の約14％を占めている（2019年5月現在）。

43　協会けんぽの保険者は、全国健康保険協会だが、運営は各都道府県に作られた支部単位で行われており、加入者の保険料の料率も各都道府県の医療費を反映して決められることになっている。協会けんぽは、所属企業に健保組合の存在しない中小企業労働者を対象として作られた保険だが、近年では運営困難に陥った健保組合の解散が相次ぎ、その受け皿ともなっている。加入者数は約3950万人、総人口の3割を占めている（2019年3月現在）。

44　市町村国保の都道府県単位での運営について、国は2006年段階では後期高齢者医療制度と同じ「保険財政共同安定化事業」＝都道府県単位の基金を活用した運営によって実質的な都道府県単位化を図るつもりであったが、その後、京都府の山田知事（当時）などからの提案により、もう一歩踏み込んで都道府県を保険者にしてしまう国保の都道府県単位化を行い、2018年度からその形に移行した。加入者数は約3340万人、総人口の26％を占めている（2019年3月現在）。

45　2002年、厚労省は坂口厚労大臣（当時）の案という形で、医療保険を都道府県単位に再編・統合し、その運営を企業などが運営する非営利法人に委ねる方向を検討していた。その法人の母体は、医療保険の商品開発を手掛ける大手の生命保険会社や損害保険会社を想定していると報道されていた。（2002年9月16日朝日新聞）
　　今後、都道府県単位化された医療保険の運営に行き詰まりが生じた時、この案が再び浮上してくる可能性もないとは言えない。

46　栄畑　潤（2007年）『医療保険の構造改革―平成18年改革の軌跡とポイント』（株式会社法研）参照

47　公立の小中学校に通う児童・生徒で経済的理由から就学費用を負担できない者に、給食費・学用品費・修学旅行費などを援助する制度。学校教育法（第19条）に基づいている。生活保護家庭のほか、市町村が独自に基準を設けて援助しており、その基準は市町村民税非課税、児童扶養手当受給中、所得基準額以下、などである。

48　小泉は、郵政民営化法案に反対した自民党議員のいるすべての選挙区に「刺客＝小泉チルドレン」を対立候補として送り込み、それらの議員の落選を図った。

49　後藤道夫氏（都留文科大学名誉教授）によれば、2001年春からの1年間で、500人以上企業の男女正規労働者は、985万人から860万人へと125万人が削減されたとされている。（出典：「非営利・協同総合研究所」所報第13号／2005年11月）

50　社会保障国民会議は、2008年11月4日最終報告を出し、その中で「社会保障の機能強化とそのために国民負担の必要性を打ち出し、それを表現する言葉として「税・財政・社会保障の一体改革」を使った。これが後の「税・社会保障の一体改革」という言葉遣いへとつながっていくが、その含意は違うことに注意が必要。

51　社会保障制度改革推進法は、今後の社会保障改革を進める際の基本法と位置付けられるもので、その基本的な考え方は、下記の法第2条に示されているように、①自助、共助をベースに家族相互、国民相互の助け合いの仕組みとすること。②社会保険を基本に公費は国民の負担の適正化にあてること。③公費財源は主として消費税、この3点である。
　　「第2条　社会保障制度改革は、次に掲げる事項を基本として行われるものとする。　1　自助、共助及び公助が最も適切に組み合わされるよう留意しつつ、国民が自立した生活を営むことができるよう、家族相互及び国民相互の助け合いの仕組みを通じてその実現を支援していくこと。　2　社会保障の機能の充実と給付の重点化及び制度の運営の効率化とを同時に行い、税金や社会保険料を納付する者の立場に立って、負担の増大を抑制しつつ、持続可能な制度を実現すること。　3　年金、医療及び介護においては、社会保険制度を基本とし、国及び地方公共団体の負担は、社会保険料に係る国民の負担の適正化に充てることを基本とすること。　4　国民が広く受益する社会保障に係る費用をあらゆる世代が広く公平に分かち合う観点等から、社会保障給付に要する費用に係る国及び地方公共団体の負担の主要な財源には、消費税及び地方消費税の収入を充てるものとすること。

52 社会保障制度改革国民会議：社会保障制度改革推進法に基づき社会保障制度改革を行うために必要な事項を審議するため、民主党野田内閣下で設置され、2012年11月から2013年8月にかけて20回にわたり会議が行われ、報告書が第2次安倍政権下の2013年8月6日にとりまとめられた（2013年8月21日、社会保障制度改革推進法の施行から1年間の設置期限を迎え廃止。）

53 平成24年度版『厚生労働白書』P 292～307 参照

54 「地域における医療及び介護の総合的な確保を推進するための関係法律の整理等に関する法律」（医療・介護総合確保推進法）の主な柱は以下の5点。①都道府県「地域医療構想（ビジョン）」と医療機関の「病床機能報告」の制度化、②地域包括ケアシステムの構築、③医療事故調査制度の発足、④介護予防給付の市町村事業への移行、一定以上所得の利用者負担2割への引上げ、補足給付への資産勘案、特別養護老人ホーム入所者の要介護3以上への限定、⑤臨床研究中核病院の指定

55 京都府保険医協会編「社会保障でしあわせになるために—「社会保障基本法」への挑戦」かもがわ出版、2007年。
さらに、前記本をたたき台に協会からもメンバーが参加して、「福祉国家と基本法研究会」と井上英夫・後藤道夫・渡辺治の編著で『あらたな福祉国家を展望する—社会保障基本法・社会保障憲章の提言』（旬報社）を2011年に出版した。

コラム

医師会で活動してみませんか

吉村　陽

　外来・在宅診療や校医等の健診、専門医資格等の医学の勉強、趣味（医者が趣味の人もいる）、家族との生活が開業医の日常である。診療報酬請求作業・レセプトも重要である。
　他に「医師会活動」がある。
　医師会は一匹狼の開業医の親睦会ではなく、地域医療対策が仕事である。
　診療対象が患者さんから地域へ広がる。都道府県指示の医療政策を地区医師会で協議し地区に適合した事業にする。
　地元自治体と共同、協議し地区の保健医療事業を実施する。
　医師会や保険医協会から提供された医療、政策情報を仲間で討議、より良い医療実現のため医師会や保険医協会に提案、実現を図る活動をしている。
　日常診療だけではなく、地域医療を通してその地域への関心が深まる。
　患者さんの診療に役立つだけではなく、医業以外の地域での自分の仕事が見えてくる。
　医師会で活動してみませんか。

第3章

皆保険制度を支えてきた保険医運動

中村　暁

第1章で述べたように、日本の国民皆保険制度は、国民に無差別・平等に医療を保障することをめざしてスタートしました。そして、その制度に生命を吹き込み、実際に医療を提供してきたのが保険医です。これまで述べてきたとおり、保険医とは公的な医療保険制度における保険診療、「療養の給付」の担い手です。今日、臨床に携わる医師のほとんどが保険医登録していると考えられます。医師の側も患者の側も、医療は保険制度から給付されるのが日本の常識となっています。

しかし、日本の医療ははじめから皆保険で保障されてきたわけではありません。いつでも・どこでも・誰でもが保険証1枚で必要な医療を必要なだけ受けることのできる仕組みが作られていく過程で、大きな役割を果たしたのは、医師と国民の「運動」でした。そして、その運動の力は、今日においてもなお、日本の皆保険制度を守り、支えています。

本章では、患者や地域の人々と手を携えて皆保険制度をつくり、支えてきた医師運動である保険医運動に光をあてます。

1．なぜ保険医が社会的な運動に取り組むのか

保険医運動は、開業保険医を中心とした社会運動です。その中心的な担い手が保険医協会であり、京都には京都府保険医協会と京都府歯科保険医協会があります。

京都府保険医協会は、敗戦後間もない1949年の結成以来、「保険で良い医療を提供すること」と「保険で良い医業経営を実現すること」を一体的に実現させるための運動に取り組んできました。運動の射程は、医療保険制度、医療提供体制、診療報酬制度といった医療保障そのものにかかわる事柄に止ま

りません。高齢者や障害のある人たちの福祉制度、公的扶助（生活保護）、公害・環境問題、核兵器廃絶と世界の平和問題等に至るまで、対象とする課題は広がっています。そのため、政治と行政に対する陳情活動のみならず、国や自治体の在り方にまで踏み込んだ政策提言や要求運動を行ってきました。

日本の開業保険医は、自由開業制のもと、自分で資金を出して医療機関を開設し、開業医になります。そして、国が医療保障のために創設した公的医療保険制度の中で、患者さんを診察・治療し、診療報酬を受け取ります。開業医は地域に根付き、地区（地域）医師会活動に参加し、自治体の行う健康診査事業や予防接種、公衆衛生、学校医・園医、産業医や警察医など、多くの社会的活動を担っています。その活動の対象は、一人ひとりの患者さんであるとともに、患者さんの暮らす場としての地域にまで及びます[1]。地域に根付いた医師は、患者さんが診察室で心身の不調を訴えるとき、その背景にあるものを捉えようとします。家族は？　暮らしの問題は？　地域の問題は？　勤め先の人間関係は？　疾患の向こう側にある社会的背景への気付きから治療方針を選択することもあります。

地域の医師は医療実践の中で、いつしかそういったことに目を向けるようになります。だからこそ、医療提供の基礎的な条件である医療制度や、医療制度を設計する国や自治体の在りよう、それを決する政治の問題にも無関心でいることはできないのです。そして、政治が暴走し、人命を殺傷する戦争や、人命よりも経済効率を優先する政策、人権を抑圧するような動きに対して、生命と健康の守り手として、反対し、住民を守ろうとするのです。

2. 医師として「自由」であることの大切さ

先ほど、自由開業制という言葉を用いました。それは直接には医師免許があれば全国どこであっても、医業を営むことができる、ということを意味します。

大切なのは開業の自由だけではありません。それと同じようにあるいはそれ以上に大事なことは、医師は、国や組織が力によってかけようとする統制から、自由でなければならないということです。

医師の行う医療は、人の体に対する侵襲（人の体の中に入り込んで何らかの影響を及ぼす行為）です。これを医師でないものが行えば、傷害の罪に問われるものです。後でも触れますが、先の大戦中、医師は国の統制下、捕虜や相手国住民、収容所に収容された人々などに対し、その技術を使って倫理上許されない殺戮行為を行いました。特定の国家目標に向けて、医師という特別な技術を持った人間が動員された時の恐ろしさと犠牲の大きさについて、私たちは繰り返し学び、忘れないようにしないといけません。

しかし、そういった極端な状況においてではなくても、医師の診断・治療は、人々の生命と健康、暮らしを左右します。日本には皆保険制度があるとはいえ、もしも、保険の効く医療が国の政策によって制限されていたら、医師はその仕事に制限を受け、患者さん

を救うことができなくなるかもしれません。

　患者、国民の生命と健康を守ることが医師の唯一の使命であるならば、医師は、その専門的な知識と技術の発揮に対しかけられる制限や統制とは闘わなければなりません。そのために大事なことは、圧力に屈したり統制に組み込まれたりする必要のない、自由な存在であり続けるということです。それは、生命と健康、暮らしを守るうえで、患者、国民にとっても重要なことなのです。

　これまでのところ、日本の医師は、その自由をかなりの程度守られてきたといえます。それを支えてきたのが、医師自らが立ち上がって作り、育ててきた保険医協会などの組織であり、保険医運動などの様々な医療運動なのです。

（1）自由開業制のはじまり

　明治維新のあと、日本の医療は西洋化されました。江戸時代までの医師は基本的に漢方医でしたが、脱亜入欧をめざした明治政府は、ドイツ医学を範とした西洋医学の普及をはかりました。1874年に制定された「医制」は、医師免許があればどこで開業するのも自由、病院も医師が申請すれば開設許可は容易に得られる仕組みでした。医師数について最古の統計といわれる1874年の医師数統計では、既に約2万8000人の医師がおり、自由に開業していたといわれています[2]。日本における西洋医学の普及は、自由開業を前提にして始まったのです。

（2）高い医療水準を持った開業医が育った

　日本の開業医の特徴の一つに、高い技術があります。今日の日本では病院の医師と開業医の間にライセンス上の差異はなく、医師養成過程における差別はありません。このことが、日本の開業医の高い技術を確保している要因となっています。これは例えばイギリスの医療システムにおいて、一般医と専門医、プライマリケアとセカンダリケアを担う医師が明確に区別され、その報酬システムなどが区別されていることと比べて大きく違う点です。

　とは言え、日本でも、医制出発の時代には身分分離型の医師養成システムが採用されていました。当時、医師養成経路は3つありました。大学、医学専門学校（公立医学校及兼病院）、内務省医術開業試験です。それに加えて、医制以前からの開業医には開業免許が与えられたため、当時は、計4系統の医師、つまり医学士・医専卒・試験及第医師・従来開業医がいたことになります。政府としては、それをもとにそれぞれの経路に沿った役割設定をシステム化する道もあったはずです。しかし、日本ではそのようなことは行われなかったのです。

　1870年代、公立病院が次々と各地につくられました。しかし、それらは概ね医師養成、西洋医学の普及という役割を担わされた存在であり、1880年代に入ると次々に廃止されました。そのため大学出身の医学士である医師も含め、高いレベルの医学教育を受けた医師たちは、隆盛しつつあった私立病院をはじめとした開業セクターへと大量に流入したの

です。このことも日本の開業医の高い医療水準を生むことになり、今日まで続く開業医による第一線医療がベースの医療提供体制を形作らせることにもつながってきたのです。そして、今日に至るまで、報酬や処遇上の差別を伴う身分分離型の専門医制度は導入されてこなかったのです[3]。

（3）医師が国策に巻き込まれ、その一部となることの恐ろしさ

しかし、時代が下るにつれ、医師の自由は制限されるようになっていきました。

1916年、日本の医師たちは大日本医師会を結成しました。大日本医師会をつくった人たちは、医師の社会的地位の向上や権利拡張のため、即ち、医師としての、その時代なりの善意や思いを抱いて会を設立したのでしょう。しかし医師会は、一方でその出身議員を議会に送り込み、他方、医師法（1906年成立）を1916年に改正させて医師会への強制加入を法制化させるなど、政治への影響力や癒着を強めるようになりました。

大日本医師会は「法定医師会」[4]になり、続いて日本で最初の健康保険法（1922年）、国民健康保険法（1929年）では保険診療を担う国との団体契約の相手となりました。医師会は会員のうち、保険診療を担う医師（保険医の登場ですね）を指定し、国と一体的に健康保険制度を運営する立場になり、診療報酬も医師会を通じて支払われることになりました。

戦時下になると、国の統制・管理は一層強まりました。1942年には、医師法が国民医療法に統合され、医師会も戦争遂行のための国家機関の一部に組み込まれていきました。医師会長は官選となり、国民医療法は自由開業を否定、政府出資の法人である日本医療団が医療機関の運営を担うという仕組が作られました。

医師が自由を奪われ、国の管理・統制の下に置かれることで起こってしまった甚だしい事例が、731部隊の人体実験・毒ガス開発であり、九州帝国大学医学部によるアメリカのB29搭乗員を対象とした生体実験等の医学犯罪でした[5]。

戦争と医師・医学に関する歴史は、国家と医師との関係において、いかに専門性に基づく自由が尊いものであるかを、私たちに教えてくれます。

（4）無産者診療所運動
―専門性に基づくヒューマニズム

医師会の首脳たちが戦争遂行に巻き込まれていたのと同じ時期に、貧困と暮らしを取り巻く環境の悪さに苦しむ人々を救おうと、無産者診療所運動に取り組んだ医師たちがいたことも見逃せません。

当時、国は戦争に国民を動員するため、悪法として名高い治安維持法を使って専制政治を行い、国の民主化を求め、戦争に反対する共産主義者や労働組合、文学や演劇、生活協同組合の運動などへの弾圧を強めていました。無産者診療所運動は、こうした政府の弾圧にもかかわらず、働く人たちや貧しい人たちのための医療をめざして始められたのです。

診療所開設の直接のきっかけは、治安維持法の改悪に反対して暗殺された、京都選出の代議士山本宣治の通夜の席での、"山宣記念"の病院、労働者農民の病院を創れという提案でした。この声が全国に広まり、1930年、東京・品川の「大崎無産者診療所」を皮切りに、東京では青砥（亀有）、江東、南葛、山梨県の岳北、新潟県の南部（玉泉）、葛塚、そして大阪でも北区茶園、吹田、三島、東成、片町などに設立されていったのです[6]。

　ちなみに東成無産者診療所には、後に京都府保険医協会や全国保険医団体連合会設立あたって活躍した京都の眼科開業医である中野信夫氏[7]がいました。

　中野氏は大阪の無産者診療所運動関係者が立ち上げた「青年医師クラブ」(1936年)に携わり、機関誌「医療と社会」発刊にもかかわっていたとされます。

　国はこの運動を「アカの運動」と断じて、徹底的に弾圧し、1941年にはすべて潰されてしまいました。しかし、貧しい人たちに医療を保障したいと考えた医師たちの志の背景には、人の生命を救うことが使命だと考える、医師の専門性に基づくヒューマニズムがありました。専門性に基づくヒューマニズム、社会的不条理への怒りや国策への疑問は、戦後を生きた医師たちに受け継がれ、保険医運動の核心部分となっていったのではないかと思います。

1950年当時の京都府保険医協会新聞

3．皆保険の充実を求めて京都府保険医協会が展開した保険医運動

　ここからは読者のみなさんに保険医運動とは何かについて、戦後から今日までの京都府保険医協会を中心とした保険医運動の記録などをもとにお話ししていきたいと思います。

　京都府保険医協会は1948年の大阪府に続き、翌1949年に結成されました。その設立の目的には、「国民の健康を守るに足る医療

社会保険制度の確立とその運用の合理化」と「保険医の識能の向上と保険医の生活権の擁護」が掲げられていました。これは本章の冒頭で述べた「保険で良い医療」と「保険で良い医業」の実現を意味しています。

　敗戦直後の日本は激しいインフレーションに見舞われ、インフレ率は、1935年の200倍にものぼりました。そのような中、敗戦で有名無実化していた健康保険制度が息を吹き返しはじめ、保険診療は伸びていました。しかし、保険医が保険で医療を提供しても診療報酬の支払いが遅いため、受け取った時には物価が上がりすぎて採算がとれない。医薬品も不足、ヤミ物資に頼らざるを得ない。所得税が高すぎる。保険財政が危機だからと減点や監査による締め付けが強化されるというあり様でした。

　そんな不安な状態の中、「京都医療社会化連盟懇談会」（責任者・中野信夫氏）の医師たちが立ち上がったのです。患者の8割から9割はもう保険診療の患者というところもあるのに、京都市内のある税務署は、医院の総収入は保険診療収入の6倍と見込んでいる。所得税の対象を大蔵省官僚は15％といい、京都の税務署は23.7％といっている。こんな状態では患者さんに安心して医療を提供できないばかりか、医院経営が成り立たない。京都の医師たちが保険医協会を立ち上げた背景には、こうした実情がありました。

（1）医師をコントロールしたい国とのぶつかり合い

　日本がまだGHQの占領下にあった混乱期、保険医協会の掲げた最初の要求＝運動目標は、①診療報酬の翌月支払いの励行、②保険診療に対する不当課税反対、③保険診療内容への不当介入反対、④各種医療保険に国庫補助を、というものでした。この4点に関する運動が、保険医運動の第1歩でした。

　①の診療報酬の翌月払いは、今では当たり前のことだとお考えかもしれません。しかし敗戦まで健康保険制度等の診療報酬支払事務を担っていた法定日本医師会は、GHQの手で解散させられており、社会保険診療報酬支払基金は1948年にまだ発足したばかりで、迅速な支払いがなされていなかったのです。協会は早速、実情を調査し、支払基金に申し入れました。

　②の課税問題はとりわけ初期保険医運動の一大テーマでした。ある税務署が健康保険からの収入に50％〜55％の所得率を見積もっていることを知り、税務署に反省を求める陳情書を国税庁・国税局・税務署に送りました。以降、医業への課税による重圧を跳ね返すため、その後も協会は「不当課税反対集会」を各地で開催し、運動を進めることになりました。

　この税務問題への対策は、今でも保険医運動の大きな柱の一つになっています。

　③の医療への介入は専門職として絶対に許せないことでした。協会は、京都府医師会館で開催された厚生省主催の関西地区の講習会に参加し、その場で大阪協会の会員とともに講演に来た技官に緊急質問を投げつけました。それだけではなく、聴講した参加者が〈決議〉をその場で採択し、技官に手渡したのです。厚生技官が上位下達で説諭をたれる場に

敢えて参加しての行動。これはなかなか過激で痛快なエピソードではないでしょうか。

④については、決議に次のような一文がありました。「政府は社会保障の観点より、健康保険診療に対し、国庫負担を以て完全保障をなす責任を有する」。そして続けて、次のように書いたのです。「最悪の事態に突入するともわれわれは社会公共性の立場から保険診療を放棄せざるのみならず国民大衆と共に危機突破に邁進するの用意がある」。

以来、70年が経過しました。

以上の4つの要求のうち、支払い遅延の問題はともかく、経営を脅かすような税務調査、審査や指導・監査を通じた医療内容への介入・締め付け、これらへの対抗は、今なお、保険医運動の主要なテーマです。何とか保険医をコントロールし、国にとって都合の良い行動をとらせたい国に対し、自らの専門性に基づく医療を提供したい保険医たちからの反撃は、この時代以降、今日に至るまで続いています[8]。

（2）労働者との共同運動を展開

今日においても、京都府保険医協会は他産業の労働者や市民団体、専門職団体と共同して運動に取り組む場合が少なくありません。医療をよくするためには、医師だけではなく、患者・国民の願いも実現しなければ意味がありません。そして、医師以外の人たちと共感しあうことから、大きな運動の力が生まれることを知っているからです。

協会結成から2年経った1951年、京都、そして全国で労医提携運動が展開されました。

そのころ、日本の労働組合をまとめていたナショナル・センターである日本労働組合総評議会（略称：総評）と全日本労働総同盟（略称：同盟）と日本医師会[9]・日本歯科医師会が協定を取り交わし、医療制度充実を掲げた運動に取り組んだのです。労働組合は健保組合の民主化や国立病院統廃合反対を訴え、医師会は健保財政悪化を理由にした保険料率の引き上げ反対や制限診療撤廃を訴えました。この時、医師会が採った戦術が保険医総辞退です。要求を叶えるために、保険医であることを放棄するという方法は、労働組合のストライキと同じ発想に立つものでした。患者さんの医療を確保する観点から、この戦術に対する評価は分かれましたが、保険医総辞退戦術はその後も幾度か採用され、1971年の審議用メモ問題[10]の際には、実際に総辞退を断行しました。（京都府保険医協会のコミュニケーション委員会は、こういった戦術に対する会員からの批判を受け止めて、会員とのコミュニケーションを強化することを目的に1973年に設置されたもので、その活動は今日に至るまで続けられています。）

（3）国民皆保険達成と地域差・制限診療の撤廃

第2章でも触れましたが、1950年の社会保障制度審議会勧告が社会保障に対する国家責任を明確に謳い、国民皆保険の構想を示して以来、人々の運動と国の積極的な動きによ

って、1961年には国民皆保険が達成されました。すべての人が何らかの公的医療保険制度によって医療を受けられる体制が実現したのです。

皆保険達成前からすでに保険診療の占める割合は大きくなっており、医師にとって自由診療の占める比重は低下していました。皆保険制度の充実をめざすことは、「保険でよい医療と医業」を目指す保険医運動にとっては、いわば原点にあたります。京都府保険医協会は、達成された皆保険の内実を勝ち取るための取り組みを進めました。

めざしたのは「地域差」と「制限診療」の撤廃でした。

地域差とは、診療報酬の地域差のことです。当時の診療報酬は地域によって点数が違ったのです。1944年の時点で、全国は甲地・乙地・丙地の3つに分けられており、これが1948年になると甲地（東京・大阪市など6大都市と周辺の市）・乙地（その他の市町村）の2つに分けられるようになっていました。医師からみれば開業地・勤務地によって同じ医療を提供しても報酬が違うことになります。

また、制限診療とは、国が定めた保険診療の担当規則により、医療内容が制限されていた状況のことを指します。医師の専門的判断よりも国のルールが優先されていたのです。

当時の「療養担当規則」第20条は次のようなものでした。

次に掲げる治療の治療方針、治療基準及び治療方法は厚生大臣の定めるところによるほか前各号に定めるところによる。
イ 性病の治療
ロ 結核の治療
ハ 高血圧の治療
ニ 慢性胃炎、胃潰瘍及び十二指腸潰瘍の治療
ホ 精神病の治療
ヘ 抗生物質製剤による治療
ト 副腎皮質ホルモン、副腎皮質刺戟ホルモン及び性腺刺戟ホルモンによる治療

具体的には、「たとえば抗生物質を使うにあたっては、まずサルファ剤を使い、効き目がないときにペニシリン、それからでないとその他の新しい抗生物質を使うことができなかった」というように、手足を縛られていたのです。

京都府保険医協会は皆保険制度達成の前後、京都府医師会と共同して様々な運動を展開しました。

京都独自の象徴的な運動が、「三桁の会」と「不当疑義解釈検討委員会」です。

三桁の会は1961年7月、皆保険達成の直後、保険診療で十分な医療を行うことをめざして「診療内容向上会」と銘打った研究会を開催、取り組んだ運動です。当時1件あたり100点前後であった平均点数を、「制限診療を排除して、診療内容を向上させれば1件あたりの点数は必ず100点を超えるはずだ」として、審査委員を講師に地区毎あるいは専門科毎に開催しました。これが、今日まで続く専門科別の診療内容向上会の始まりです。

一方、不当疑義解釈検討委員会は1963年、三桁の会を開催していく中で、保険診療における制限的な内容が一層顕著となったことから、制限診療の撤廃と最新の医学医術を保険

1963年12月刊の不当疑義解釈検討資料表紙

診療に反映すべく創設されました。この委員会は、厚生省医療課長名などで出される医学的常識からかけ離れた不当な疑義解釈を改善・排除すべく、不当疑義解釈追放運動を展開したのです。これが協会の社会保険研究会の始まりです。

そして、1960年代後半には京都府医師会と共同して、不当疑義解釈の内容を逐一検討し、各科ごとの点数表と合わせ、協会が発行する「社会保険診療提要」にその内容を掲載、会員に周知していきました。この「社会保険診療提要」は、今日でも診療報酬の改定があるたびに再編集し、発行を続けています。

こうした取り組みが実り、制限診療は1961年から63年にかけて順次撤廃され、地域差も1968年に撤廃されることになりました。

（4）給付制限と市町村格差の撤廃

しかし「いつでも・どこでも・誰でも」の実現には、さらに大きな壁がありました。新たな国民健康保険制度には「給付制限」と「市町村格差」という弱点があったのです。

皆保険達成時の新国保は「往診、入院の際の給食、寝具設備、補綴の4種類の給付については、当分の間、給付しなくてもよい」とされていました。一部負担金は「5割以内」と定められ、被用者保険に比べて給付水準も低かったのです（『厚生白書』1960）。

1961年4月1日現在の給付範囲制限の状況を、保険者が市町村であるものについて見てみると、まったく制限していないものは全体の68.0％、全て制限しているものが全体の2.5％で、実に3割強の市町村で何らかの制限がありました。

また、給付率は最低の50％が全体の93.5％を占めていました。被保険者本人の給付率が100％の保険者が半数を超えた被用者保険との格差は歴然でした。

国保の給付率を被用者保険の水準に近づけることが運動課題となりました。京都でも1961年3月、国保の給付改善を求めて京都市国保総辞退運動が展開されました。

その結果、1963年の法改正で世帯主の全疾病が原則7割給付に、1966年の法改正で世帯員への法定給付割合も7割へと引き上げが決まり、1968年1月に実施されました。こうして国民皆保険体制はようやく、いつで

も・どこでも・誰でもが保険証1枚で必要な医療を必要なだけ受けられる形が整うことになったのです。

こういった制度改善の背景には、60年安保闘争や社会保障に多くの国民が目を向けた朝日訴訟など、大きく盛り上がった国民の運動がありました。保険医運動もそうした時代の空気の中で、旺盛に展開されたのです。

（5）「公害」と医師

1960年代の終わりごろから、保険医運動の大きなテーマとなってきたのが公害問題でした。公害は、企業の成長のため、その妨げとなる環境規制はできるだけ遅らせるという、戦後の高度経済成長政策そのものがもたらした所産でした。

水俣湾に異常が認められるようになったのは1950年頃、奇病が多数発生し始めるのが1953年頃でした。しかしそれがメチル水銀によるものだと明らかにされたのが1956年、原因がチッソ水俣工場からの排水であることを国がようやく認めたのは1968年、発生から20年近くも経過してのことです。

これほどのタイムラグが生じた理由について、社会学者の吉見俊哉氏（東大教授）は、60年代に大規模な石油コンビナートができるまで、チッソはほぼ独占的に塩化ビニールを製造していた企業であり、国策として生産ラインが守られていたからであると指摘しています[11]。

1960年代末から70年代にかけて、四日市ぜんそく、イタイイタイ病と各地で公害が社会問題となり、それに対峙する住民運動も立ち上がりました。こういった状況に保険医協会は、いち早く対応し、1970年には公害部を発足させています。

当時、保険医協会の中でこの分野の運動を牽引した柴田長次郎氏（婦人科開業医）は、「公害に関する考え方（私見）」で、「公害は物の生産・利用過程で生じる人災」であり、「公害を無くするように努めるのは、文化や文明の恩恵に浴す人類の責任である」。「人命尊重に徹すべき医師たる者」は、国や自治体に対し、「必要に応じて要請や警告をして行かねばならない」と記しています。

保険医協会は、患者運動、住民運動とつながって国や原因企業の責任を医師の立場から問うとともに、京都府・京都市の公害対策審議会に委員として委嘱され、大気汚染をはじめとした京都の公害をなくす行政に深くかかわって取り組みをすすめました。こうした京都での取り組みに、蜷川革新府政が積極的な役割を果たしたことも見逃せません。

今も保険医協会の環境対策委員会は、大気汚染や原発問題に対する独自の取組みを続けています。

4．新自由主義改革との闘い

そうした流れで展開されてきた保険医運動も、「臨調・行革」から「新自由主義改革」へといった流れの中で、80年代以降大きな困難にぶつかります。特に、21世紀に入り小泉政権によって新自由主義改革が強行されるようになると、それまでのような患者負担増反対や診療報酬の引き上げをスローガンに

した運動だけでは、事態を打開することが難しくなっていきます。第2章でも詳述した通り、新自由主義改革には、医療・社会保障制度そのものを、患者・国民のためのそれから、財政の効率性を目当てとしたものに抜本的に改変するという目的があるため、それを見据え、それに対抗する政策と運動を組み立てなければならなくなったからです。

90年代、先行して改革が進んだ診療報酬の部面では、国が出してくる診療報酬改定の政策的な意図を読み解き、危険性を明らかにしつつ対応策を打ち出す作業が、全国保険医団体連合会（略称：保団連）に加盟する各地の保険医協会の共同作業により、全国規模で取り組まれました。1992年の「診療報酬改定（健康保険法・医療法等改正）のポイント」、1995年の「在宅医療点数の手引き」、1996年の「保険医のための監査対策」（2005年からは「保険医のための審査・指導・監査対策」）、1997年の「届出医療の活用と留意点」と、今も各地の保険医たちの日常診療を支えている制度解説と対策検討の活動が大きく進みました。

また、医療に対する新自由主義改革の狙いを読み解く取り組みも始まりました。これについての京都府保険医協会の取り組みを紹介しておきます。

厚生省・医療保険審議会が、1996年6月に「第2次報告『今後の国民医療と医療保険制度改革のあり方について』」、7月に「今後の医療保険制度改革について」（38項目メニュー）を出すと、京都府保険医協会の理事会は即座に「医療保険制度等、社会保障制度の後退に断固反対する」声明を出し、署名活動や市民参加でのフォーラムなどに取り組み始めました。

その後も政府は、矢継ぎ早に制度構造改革方針を打ち出してきます。1997年8月の厚生省からの「21世紀の医療保険制度（厚生省案）〜医療保険及び医療提供体制の抜本改革の方向〜」、自民・社会・さきがけの与党3党合意による「21世紀の国民医療〜良質な医療と皆保険制度確保への指針〜」、これを受けて開始された医療保険福祉審議会制度企画部会による診療報酬体系、薬価基準制度、高齢者医療制度等に対する改革方針検討など、医療保険制度の設計変更に絡む諸方針や、医療審議会によるカルテ開示の法制化、広告規制の緩和、病床及び入院医療の適正化、医療機関の機能分担、臨床研修の義務化等医師歯科医師の資質向上策、医療提供体制に絡む諸方針、こういったものが次々と打ち出されてきます。これらの方針を引き継ぎながら、日本は、小泉「構造改革」の時代へとなだれ込んでいきます。

（1）私たちが取り組んだ新自由主義改革に対する対抗運動

1）新自由主義改革（構造改革）で壊されていく日本社会

小泉「構造改革」による新自由主義改革の本格展開は、それまでの日本社会の安定を支えていた社会基盤を大きく壊してしまいました。第2章でも詳述しましたが、日本が、他の先進国の不況を尻目に成長を続けられたのは、日本企業の類い希な競争力によるもので、この強い競争力を支えたのが、「日本型経営」

「日本型雇用」と呼ばれた日本企業独特の労働者管理（第1の柱）と自民党政権による至れり尽くせりの企業支援の政治（第2の柱）でした。

この第1の柱が社会全体を捉えることによって形作られた日本社会の特徴は、「企業社会」[12]と呼ぶことができ、企業の傘の下で暮らす国民が社会の多数派となる時代にあって、ある種の社会安定装置の役割を果すようになります。

また、この「企業社会」と一対のものとしての自民党政権による、福祉よりも経済成長重視の政治も、この企業の傘の下で暮らす人々の支持を得たのです。こうして自民党政権は、一方で、企業の成長優先の開発政策を進めながら、他方で、こうした成長政策の結果衰退する中小・零細企業や農業、地方に対しても、公共事業費の撒布や中小企業保護などの利益誘導型政治を行い、その支持を獲得することにも成功します。この、企業社会の傘の外にいる人々に対する財政出動、保護政策も、社会の安定に効果を発揮することになりました。

この2つの社会安定装置を、新自由主義改革は、企業のさらなる成長の足かせになっているとして破壊してしまったのです。さらに言えば、こういった社会安定装置を壊すだけ壊して、自らはそういった仕組みを生み出さないのが新自由主義改革であるため、改革が進めば進むほど、社会の不安定さは増していきます。今、世界の多くの国で様々な対立や内紛、内乱の傾向が強まっている要因の一つは、そこにあります。新自由主義改革とは、まさに、自己破滅的な政治潮流なのです。

日本においても、その結果は、惨憺たるものでした。

1997年から2007年までの10年間で非正規労働者が633万人増え、正規が422万人減り、500万人近くの労働者が正規から非正規に入れ替わってしまいました。この動きはその後も変わることはなく、非正規労働者の比率は3割を超え4割近くに達しています。こういった働く人々の労働条件の悪化は、収入の低下に伴う生活の質の低下、将来不安の増大、社会的孤立、といった社会の不安定要因を生み、「貧困・格差社会」という言葉で表現される社会統合の破綻状態をもたらしたのです[13]。

本来であれば、こういった国民の生活の困難を支えるのは、社会保障です。しかし、日本においては、企業の成長優先の政治を続ける自民党政権の下で、かろうじて福祉国家型の制度を維持してきた医療制度を除けば、生活保護がその典型ですが、社会保障・福祉が非常に脆弱なものでしかなかったため、大きな力にはなりませんでした。その結果が、1998年以降激増し年3万人を超えた自殺者、その中でも男性の現役勤労世代の自殺の増大、どの医療保険にも加入できないでいる無保険者の増大、2000年代に入って急増している児童虐待、ワーキングプアと呼ばれる働く貧困層の増大、秋葉原無差別殺傷事件や相模原障害者殺傷事件のような、理由の判然としない、漠然とした怒りや孤立感、攻撃的な感情といったものに支配されての犯行と思われる事件など、誰もが社会の「安心、安全」が損なわれつつあると感じるような事態の出現です。

そんな中、社会保障制度の中では唯一と言っても過言ではないくらい社会の安定装置として機能してきたのが、医療制度であったと言えます。

すべての国民に、公平に、平等に、いつでもどこでも必要な医療を提供してきた皆保険制度は、その担い手である保険医たちの献身的な努力によって支えられてきました。中でも、患者さん、国民の暮らしに近いところにあって日常的にその命と暮らしを支えてきた診療所の開業保険医たちは、患者さん、国民に降りかかる困難や矛盾を緩和するバッファー装置のような役割を果たしてきました。何故なら、開業医に限らず医師は、本来、患者さんの命と健康を守るためであれば、できること、やるべきことは全部やらなければならないと考える存在だからです。

そう考えると、私たち医師にとってできること、あるいはやるべきことは、たくさんあるのです。それは、治療という枠にとどまらない、社会的運動であったり社会的発言であったり、あるいは、社会的告発であったりもします。医師たちが、保険医という立場において全国に保険医協会を作り、社会的運動や発言を行ってきたのも、その一つの現われと言えます。

そして、今、医療と社会保障を守り、患者さん、国民の命と暮らしを守る取り組みの中心は、新自由主義改革に対する反対運動になっているのです。

2）今起こっていることを知らせ、「医療・社会保障を守れ」の声を国政に届ける

新自由主義改革との闘いにおいて、私たちの運動は、どんなことに取り組んできたのでしょうか。以下、少し冗長になりますが、具体的にどんなことに取り組んできたか、京都府保険医協会の取り組みから主なものを拾って振り返ってみましょう。

2001年7月「社会保障としての高齢者医療・介護保険制度の確立に向けて」と題する政策提言を発表（9月『高齢者医療と介護の将来像を提言する』としてあけび書房より出版）。

2002年7月「許せない診療報酬改悪―保険医『怒り』のフォーラム」、11月「生命と暮らしと平和を考える京都府民フォーラム」を開催（参加209人）。

2003年からは一般市民対象に「国民皆保険の回復をめざす連続フォーラム」を開始。第1回「医療費払い戻し（償還払い）について考えよう」（参加169人）、第2回「『国保崩壊』問題について考える―保険料の滞納はなぜおこる？」（参加145人）、第3回『保険証1枚』では医者にいけない医療制度について考える」（参加130人）、第4回「今、医療の安全はどうなっているか―医師・看護師は訴える」（参加136人）、第5回「今、介護保険はどうなっているか―改めて国民の立場から制度改善を提言する」（参加119人）、第6回「今、政府はどんな医療保険制度改革案を提案しているのか―介護保険型の医療保険について考える」（参加152人）、第7回「今、社会保障を国民の手に―憲法25条とナショナルミニマムについて考える」（参加136人）と連続開催。

この時期「いつでも、どこでも、誰でも、

保険証1枚でOKの医療を実現するために」をスローガンに「医療制度の改善を求める1万人京都府民の会」(会員数1万2511人)を設立して、市民に今起こっていることを広く知らせていくことに力を注ぎました。

こういった運動の蓄積の上に立って、2005年11月には、「弱きを助け強きと闘うみんなのつどい―医療・福祉の改善を求めて」を開催し、各党からの地元議員参加を含めて参加者2500人という取り組みを成功させることができました。

また、この時期、混合診療実質解禁問題（特定療養費を保険外併用療養費へと改変）や介護保険、障害者医療のあり方、リハビリ算定日数制限問題、後期高齢者医療制度問題などについて、与野党の地元国会議員を対象に連続要請活動を実施しつつ（2005年2月～2009年2月の間で合計17回）、2009年の6月～10月の間は、医療制度改革をテーマに京都府を含む府内全自治体との懇談にも取り組みました。この取り組みは、新自由主義改革に対抗する政界における担い手づくりをめざしたもので、こういった取り組みが、その後の政権交代にもつながる力となったと言えます。

2006年、小泉内閣が終わる頃から新自由主義改革による社会の矛盾が顕在化し、日本でも新自由主義改革とそれがもたらす格差と貧困に反対する運動が、全国的に高揚します。京都府保険医協会の運動は、そうした全国の運動のさきがけをつくってきましたが、全国の運動の盛り上がりに励まされて、新たな段階に入りました。新自由主義改革を止めさせるため、政治を変える、もう一つは、単に新自由主義改革に反対するだけでなく、それに代わる福祉国家型の制度を積極的に構想、発表する段階です。

議員フォーラム(2006年9月)ポスター

第3章　皆保険制度を支えてきた保険医運動

3）新自由主義改革に対する運動の高揚と対抗構想づくり

2006年6月には「ちょっと待った！医療制度改革―こんなことやったら患者も医者もこわれるで！」（参加384人）、9月には、「医療・社会保障のこれからを考える議員フォーラム」を開催（参加585人）。この議員フォーラムは、自民・公明・民主・共産・社民の各党厚生労働部門の有力議員を中央より招聘して開催したもので、その後の後期高齢者医療制度廃止運動などにつながる大きな取り組みとなりました。

こういった取り組みに加え、新自由主義改革に対する対抗政策を練り上げる作業も2007年頃から新しい段階を迎えます。

2007年10月、京都府保険医協会としてそれまで続けてきた社会保障基本法研究会活動の成果を『社会保障でしあわせになるために―社会保障基本法への挑戦』（かもがわ出版）にまとめ、出版します。

この時期、政府の側は後期高齢者医療制度関連法案など、「医療保険の構造改革」を具体化する関連法案を出してきていました。私たちは、その意図を読み解き、広く知らせ、社会保障改悪の波を被っている他の領域と連携して反対の声を広げていくことに全力をあげます。

2008年3月地域医療シンポ「STOP地域医療崩壊―いま開業医に何ができるか」（参加329人）、8月「後期高齢者医療制度の廃止をめざして頑張る議員を支援するトーク集会」（議員参加24人、一般参加107人）、12月「出直せ！介護保険シンポジウム」（参加184人）、2009年3月「いのち輝く、芸術と社会保障のつどい」（参加650人）等は、労働運動や障害者運動など、他の領域との協働によって進められたものです。

そしてこの年の9月には、「貧困をなくし、社会保障を守る『基本法』を考えるシンポジ

貧困をなくし、社会保障を守る「基本法」を考えるシンポジウム
(2009年9月) ポスター

ウム」を東京で開催（参加588人）。これにより、運動を全国レベルのものへと広げると同時に、反新自由主義の立場での対抗政策すなわち、かつてヨーロッパで広く採られていた福祉国家的な政策の実現を当面の目標に掲げ、運動を開始しました。スローガンは、「日本を新しい福祉国家に」です。

2010年10月にはシンポジウム「新しい福祉国家の姿を展望する—社会保障憲章・基本法の提起」（「福祉国家と基本法研究会」主催、東京、参加240人）、2011年7月には「3.11後の日本で福祉国家を展望する—社会保障基本法・憲章の提起を通じて」（「福祉国家と基本法研究会」主催、東京、参加370人）を開催。取り組みの成果は、2011年10月に旬報社から『新しい福祉国家の姿を展望する—社会保障憲章・基本法の提言』として出版され、同月、京都において出版記念シンポジウムも開催することができました。以後、一貫して私たちは、反新自由主義の立場から、日本をこれまでにない、新しい福祉国家に転換させることをめざして運動を続けています。私たちがまとめた「社会保障憲章・社会保障基本法」は、その対抗政策の中身を分かりやすく示したものであると同時に、政治に対しその実現を迫る運動を広げるためのものでもあります。この運動を通じて、今進められている政治とは別の選択肢があることを、多くの国民に知ってもらいたいのです。

その内容の詳細は、上記原典書籍[14]をお読みいただきたいのですが、社会保障憲章では、新自由主義改革によって大きく後退した国の公的責任と施策に対し、あるべき生活保障の輪郭を、それが必要とされ、正当とされる背景と根拠を加えて提案、説明しています。そして、この憲章を踏まえたうえで、社会保障基本法においては、社会保障にかかわる立法や法改正、社会保障行政、司法の判断などが、基づくべき基準を明らかにし、同法が、憲法と様々な国際条約に込められている社会保障原則を、日本の諸制度に具体化する際の法的指針であることを謳っています。

この私たちの提案を受け止めての議論は、まだまだ深まったとは言えません。新自由主義改革からの離脱に向けての取り組みは、未だ道半ばなのです。

4）新自由主義改革からの離脱を実現する、その担い手は

第2章でも詳述しましたが、この間、国は、医療にとどまらないあらゆる部面において新自由主義改革を具体化してきました。

新自由主義改革は、大企業の競争力の維持・強化に向けて、企業の利潤拡大の決め手となる労働者賃金の削減の実現（第1の柱）、資本の負担軽減のため、企業の利潤にかけられる法人税や社会保険における企業負担の削減（第2の柱）、弱小産業や農業に対する保護の撤廃、資本の活動に対する規制、環境や国民の安全確保のための規制や保護、こういったものの緩和・撤廃（第3の柱）を目標に、政治と行政、さらには国民全体を巻き込んで進められています。この状況下、医療制度も、①医療保障制度を維持するために企業が負担させられている法人税や社会保険料といった社会保障負担を軽減し、同時に、②制度内に存在する様々な公的規制を緩和・撤廃して、③営利企業にとって魅力的な投資対象となる

ような市場として整備する方向での諸政策が矢継ぎ早に具体化されています。

　私たちは、保険医協会の創設以降一貫して、患者さん、国民の命と暮らしを脅かす経済的負担の増大や制度改悪を押し返す運動に取り組んできました。そして同時に、この国の医療制度を、さらに良い制度にするための様々な運動にも取り組んできました。その成果は、森永ヒ素ミルク、サリドマイド、エイズ等といった薬害被害者の救済運動の前進や、子ども医療費の負担軽減、ポリオ、ヒブ、肺炎球菌といったワクチン接種制度の改善等にも結実してきました。

　また、世界の医師と連携しての反核運動や、原発被害を起こさせないための原発反対運動、日米安全保障体制下、90年代以降大きく進められてきたアメリカとの一体的軍事行動の拡大や、それと結びついた憲法9条の見直し、こういったことに反対する運動など、命と暮らしを守る社会運動の担い手としても力を尽くしてきました。

　今、医師も含めた多くの国民が、新自由主義改革の真っただ中で、先の見えない不安と疲弊感に苦しんでいます。この状況はなぜ生まれたのか。どうすれば変えることができるのか。患者さん、国民の立場でこの疑問に答え、道を切り拓いていく仕事の一翼を、私たち医師は担うことができるし、担わざるをえません。そして、この仕事を次の時代に担う担い手は、まさに、あなた方、志高き、若き医師たちなのです。

―――

1　この点につき「第31回保団連医療研究フォーラム・京都アピール―「開業医医療」の復権を求めて―」（2016年10月10日）を参照いただきたい。
https://healthnet.jp/paper/paper-5485/paper-14913/paper-15065/

2　『病院の世紀の理論』（猪飼周平著・有斐閣刊）69ページ。著者の猪飼氏は「おそらく初めての医師数に関する統計調査」として紹介。但し、註釈において「当時の医師統計の信頼性の低さは考慮しておく必要がある」としている。

3　当該箇所の指摘・評価は、『病院の世紀の理論』（猪飼周平著・有斐閣刊）から示唆を受けた。

4　『日本医師会』（野村拓著・勁草書房刊）参照。

5　戦争と医学をめぐっては『戦争と医学』（西山勝夫編著・文理閣刊）の研究的達成がある。

6　『戦後開業医運動の歴史　1945〜1995』（全国保険医団体連合会編・労働旬報社刊）を参照した。但し、本書に記されていないが京都にも無産者診療所はつくられた。京都市の田中村に1931年に設立された「洛北診療所」である。

7　中野信夫氏（1910〜2010）：全国保険医団体連合会初代会長。無産者診療所運動、保険医運動に尽力。立命館大学国際平和ミュージアム設立にも協力。

8　『京都府保険医協会30年史』参照。

9　当時はまだ、保険医協会の全国組織である全国保険医団体連合会は創立されておらず、全国的な医療運動は日本医師会が中心になって取り組まれていた。当時、日本医師会長だった武見太郎氏は保険医協会を快く思っていなかったとされ、幾度となく、保険医協会と方針上の対立・摩擦が引き起こされた。

10　1971年に起こった審議用メモ問題は「診療報酬体系の適正化審議メモ」（中医協審議用メモ）を厚生省が中医協に提出したことに端を発するものである。メモには、診療報酬の出来高払いの包括化や外来患者数に応じた診療料の逓減化が盛り込まれていた。当時の

日本医師会長として隆盛を誇った武見太郎はメモに激怒し、一斉休診や保険医総辞退の準備を全国の医師会に指示した。保険医総辞退運動は全国的規模で7月1日から実行され、島根・岡山・山口・愛知の四県を除く6万5000人が参加した。京都や滋賀の医師らは「目標とする相手は政府・厚生省であって患者さんや国民ではない。患者さんに迷惑はかけられない」と受療委任払いを採用した。保険医たちの運動は審議メモに基づく健康保険法改正案は、1972年5月、6月と二度にわたって廃案に追い込まれ、最終的に与野党の取引によってつくられた「修正案」が9月に成立した。

11 『ポスト戦後社会』(吉見俊哉著 岩波新書)を参照されたい。

12 渡辺治『「豊かな社会」日本の構造』(1990年、旬報社)参照

13 メディア総合研究所編『貧困報道―新自由主義の実像をあばく』(2008年、花伝社)参照

14 福祉国家と基本法研究会、井上英夫・後藤道夫・渡辺治他、編著『新たな福祉国家を展望する―社会保障基本法・社会保障憲章の提言』(2011年、旬報社)。同著の土台となったものの一つが、京都府保険医協会編『社会保障でしあわせになるために―「社会保障基本法」への挑戦』(2007年、かもがわ出版)である。

コラム

良き医療者としての開業医

辻　俊明

　多くの人は病気になった時、本当の幸せとは何かを考える。こうした心の動きを目の当たりにして、我々医療者もこの命題に向き合うことになる。本当の幸せとは？

　幸せの形は様々あるが、その人なりの人生の目的、使命がわかったとき、人は真の幸福を感じるようである。よき医療者は、病人と一緒になって本当の幸福を追求することが出来る。

　家庭や職場、成育時の環境が疾病の一因になっているような場合、よき医療者はそれらを突きとめ、対処することが出来る。

　多くの経験を積んだ医師、とくに開業医は、良き医療者として患者の置かれた社会的背景を考慮しつつ、真の幸福を病人とともに追求しながら最善の医療を選択することが出来る。

　我々開業医は高度な検査や処置はできない。しかし、だからこそ多方面から総合的に病人を支えることに専念できるのである。

第4章
新自由主義改革（＝構造改革）が壊す開業医医療

1・2　浜松　章
3・4・5　中村　暁

　前章までで日本の皆保険制度とはどういう医療制度なのか、制度の特徴と歴史、それを支えてきた「保険医」の役割と力、そして、それが90年代以降の新自由主義改革によってどう変えられようとしてきたのかということについてお話してきました。

　その流れの行き着いた先では今、どのような制度改革が行われようとしているのでしょうか。構造改革の最終局面は、私たち、医師のあり方や人生設計に関わるところで重大な段階を迎えています。本章では、そのことについてお話をしていきます。

1. 新自由主義改革（＝構造改革）は、医療の何を改革しようとしているのか

　今、政府は、医療制度に対する構造改革の意図を受け入れ、制度として安定し定着するようそれぞれの持ち場で働いてくれる担い手、すなわち医療提供者としての保険医のあり方を改革する取り組みを進めようとしています。これが、すなわち新専門医制度と医師偏在指標をテコにした医療提供者のあり方改革の狙いです。これらの医療提供体制に関わる制度改革と人材改革、この両面からの改革によって、今、医療制度構造改革は、最終局面を迎えていると言えます。以下、この間の制度構造改革の内容と狙いについて見ていきましょう。

（1）都道府県による医療提供体制管理に向けた改革

　日本の皆保険制度の構造を新自由主義的なものに変えていこうというとき、そこに立ちふさがる「岩盤」＝障害として最大のものは、

「保険医」という名の医師たちです。中でも、自前で医療機関を立ち上げて経営し、自律的に専門性の高い医療を提供する「開業保険医」の集団は、上からのコントロールを効かせにくい、まことに扱いにくい集団であると言えます。この開業医たちに国は、今、何を期待しているのでしょうか。社会保障制度改革国民会議報告書（2013年）が描いた、構造改革後の医療についての記述から読み解いてみましょう。ちなみに国は、同報告書を今後の医療制度改革の方針文書と位置づけ、それに沿った法改正を行い、制度改革を進めています。

1）提供体制改革において「かかりつけ医」に期待されている2つの役割

同報告書はその中で、これからの医療は、「病院完結型」から、地域全体で治し支える「地域完結型」へと転換すべきであり、そのためには、個別医療機関の機能の分化・連携と地域包括ケアシステムの構築を、一体的に進めることが必要だとしています。そして、その中で、「かかりつけ医」（その多くは、開業医）に対して2つの役割を期待しています。

①「地域包括ケアシステム」の保守担当者としての「かかりつけ医」

1つは、地域包括ケアシステムの中で、医療提供者として、その仕組みの全体を管理し回していく、システムの保守担当者のような役割です。

地域包括ケアシステムは、「病院」という川上[1]から、「地域」という川下に向かって患者さんを押し出し、川下である「地域」において、「かかりつけ医」や介護事業所、住民ボランティアや家族が受け止め、「治し支える医療（＋介護）」を行う仕組みとされています。

この仕組みの中で、開業医には、川下である「地域」にいて、かかりつけ医として患者を受け止め、「在宅医療」と「在宅介護」をうまくつなぎ、システムを破綻させないよう維持する役割が期待されています。

例えば、京都府内では2025年に2倍化する在宅等の必要量[2]に対し、「地域」で受け止め、応えねばならないとされています。そのため、医師個人に対しては、24時間対応できる在宅応需体制を作ることが期待されています。そして、そういった医師たちを統括する地域の医師会に対しては、在宅医療と介護をシームレスにつなげるための「在宅医療・介護連携拠点」としての役割を果すよう求めてきています[3]。

「治す医療」から「治し支える医療」へ、地域包括ケアシステムを構築し、誰もが住み慣れた場所で人生を人間らしく生きて行けるようにする。その理想を否定する医療者はいないでしょう。しかし、その医療者の善意をいいことに、その願いの実現からは程遠い目的のために医療者が動員されようとしていることを、私たちは見ておかなければなりません。

②アクセスコントローラーとしての「かかりつけ医」

「かかりつけ医」に期待されているもう1つの役割は、医療機関の受診を「フリーアクセス」から「必要な時に必要な医療にアクセ

第4章　新自由主義改革（＝構造改革）が壊す開業医医療

スできる」仕組みへと狭めるための、受診の必要性を判断する「緩やかなゲートキーパー」という役割です。

具体的には、患者さんがいきなり病院にアクセスしないよう、一般的な外来受診は「かかりつけ医」に相談することを基本とし、大病院の外来は、紹介患者を中心としたものにするよう求めています。そして、そういった役割を果せる医師の専門性を評価する取組み＝「総合診療専門医」の育成、配置を打ち出しています。

この患者の受診アクセスの管理に関しては、2016年から、紹介状なしで大病院を受診する場合には、原則として定額負担（医科初診5000円、歯科初診3000円、再診はその半額）を患者に求めることが義務化され（合法化された混合診療＝「保険外併用療養費」の一種である選定療養の義務化）、その対象病院も2018年には500床以上から400床以上へと拡大されました。さらに、診療所間においても、アクセスコントロール策として、患者さんが自分で登録した「かかりつけ医」以外を受診した場合には、定額を負担させることが検討されています[4]。

（２）都道府県による国保保険財政と提供体制の一体的管理が目的の「都道府県単位化」

第２章でも触れましたが、医療保険の運営を含めた医療政策の実施責任を、都道府県に持たせる仕組みの枠組みは、2018年の国民健康保険の都道府県化により完成したといえます。

都道府県は、今後、国保の保険者として、国保の医療給付に責任を負うことになります。ご存じのように、高齢者と非正規の勤労世代が加入者の多数を占めるようになった国保は、市町村はおろか都道府県であっても単独で収支を合わせることなどできません。国や他の保険者からの十分な支援がなければ、早晩財政的困難に追い込まれて行きます。それを避けるためには、地域の国保医療費をコントロールするしかないということになります。その手段は、２つ。１つは、患者さんの受診をコントロールする方法。もう１つは、患者さんに提供する医療のボリュームを抑え込むことです。この前者の方向で考えられているのが、先述した患者さんのアクセスをコントロールする「かかりつけ医」の配置であり、後者の方向で考えられているのが、「地域包括ケアシステム」と「地域医療構想」を使っての医療提供体制の効率的再編策なのです。

都道府県は、この２つのツールを使いながら、地域の国保医療費の抑制を図る政策に取り組むようになっています。その内容について、もう少し詳しくお話ししてみましょう。

都道府県は今、医療費について、全国一律の「将来推計ツール」を使って６年１期の「医療費適正化計画」を策定するようになっています。これは、事実上の「医療費抑制目標」です。その目標達成に向けて都道府県は、先述したように、医療提供体制と保険財政の管理を一体的に行うようになりました。

医療提供体制については、各都道府県は自らが策定した「地域医療構想」で、二次医療圏ごとの2025年の機能別必要病床数（高度

急性期、急性期、回復期、慢性期）の達成をめざすことになっています。京都府は、幸い病床数削減を目的とはしないとしていますが、多くの自治体では病床数の削減を課題として挙げざるを得なくなっています。その実現のための選択肢の一つと考え出されたのが、非営利ホールディングカンパニー型法人制度、すなわち、「地域医療連携推進法人」です。医療機関に加え介護施設、事業所など、医療・介護関連の諸事業体を傘下に納め、一定規模のエリアで覇権的に事業を展開できるグループを作ることを認めるというものです。このエリア内でこの法人と競合する傘下外の医療機関などは、その存在を維持することも難しくなってくるかもしれません。また、法人傘下の医療機関に対しては、病床規模や担う機能が法人の経営方針という形で貫徹しますから、行政などが外から手を加えなくても、地域の提供体制の効率化は進むという見通しを持てるようになります。

一方、国保の保険財政については、先ほども述べたように、保険財政の破綻や保険料高騰を招かないよう保険者機能を発揮することが求められます。奈良県が「高齢者医療確保法」を使って、奈良県独自の診療報酬単価を導入したいと考えたのもこのためです[5]。

こういった枠組みの中で、医療費適正化は推進され、病床削減と平均在院日数の短縮が進められ、患者は早期の転退院、在宅復帰を求められるようになります。その受け皿が、国の進めている「地域包括ケアシステム」です。国は、この「地域包括ケアシステム」を、医療者を含めた地域住民相互の互助・共助の仕組みとして考えており、それを使って「在宅」を推進すれば、公費の支出や医療・介護給付費は抑制できるはずだと考えているのです。

（3）診療報酬による誘導での提供体制改革や給付縮小

そして、こういった制度改革をこれまで政策的に誘導してきた最大の武器は、診療報酬でした。

診療報酬は、健康保険法で「療養の給付」として定められている、患者さんに提供される「治療行為の価格表」であるだけでなく、「保険で提供される医療の範囲」や「保険で認められる治療の方法」を定め、同時に、「保険医療機関の医療施設としての水準」をも規定するものです。従って、それを経営原資とする保険医療機関に対しても、医療を受ける患者・国民に対しても、その内容は、決定的な影響を及ぼすのです。

一方で、国の医療政策において、診療報酬による政策誘導は重要な役割を担ってきました。つまり、「療養の給付」として相応しくないと思える医療政策への誘導にも使われてきました。社会保障制度改革国民会議の報告書は、提供体制に関する診療報酬・介護報酬による誘導は、「効き過ぎるとも言えるほどに効いてきた」と批判。また、「点数表が今日のように複雑かつ分厚いものとなったのは、医療の高度化や専門分化もさることながら、診療報酬を政策誘導の手段として頻用してきた結果」[6]との指摘もあります。

2002年改定頃から診療報酬に新自由主義改革の狙いが濃厚に盛り込まれだし、医療費

の抑制とともに、医療機関の機能分化、在宅医療の推進、かかりつけ医機能の評価などが中心課題とされてきました。次は、その経緯について、何が問題であるのかを中心に振り返ってみたいと思います。

1）「届出」医療による自己責任型医療の拡大

　診療報酬には、施設基準や人員基準を満たした上で、地方厚生局長に届出を行うことでしか算定ができない点数があります。1994年改定において、「届出」制に変更されるまでは承認制でした。承認制の場合、責任の所在は国にありましたが、「届出」制では、医療機関が責任を問われることになります。患者にもそれを選んだ責任を課すものとなったのです。患者と医療提供者の関係を、消費者と商品提供者との関係に捉え直すもので、新自由主義型医療への転換のあらわれとみることができます。

　一方で、一定の人員確保や設備を有する必要のないものにまで、「届出」が拡大してきています。医療機関にとっては、「届出」の内容について年1回の適時調査が行われ、毎年届出書の記載事項について報告を行う義務があります。この事務作業は、保険医療機関にとって大変な負担を強いているだけでなく、国による保険医療機関に対する管理統制の強化でもあります。

　再診料の地域包括診療加算（2014年）、初診料の機能強化加算（2018年）など、初・再診料にも届出が必要な加算を作り、外来を担当する医療機関に格差を設けることにも使われています。

2）アクセス管理としての「かかりつけ医」の利用と完全まるめ[7] 完全登録制

　かかりつけ医機能の強化と在宅医療の推進として診療報酬で志向されてきたのは、定額まるめによる慢性疾患の包括管理、1疾病につき1人の主治医（登録制）による一元管理であり、その先にはイギリスの家庭医のような人頭登録払い制へ向かう危険制を孕んでいます。

　定額まるめの「老人慢性疾患外来総合診療料」（「外来総合」）が1996年に設定され、「寝たきり老人在宅総合診療料」（「在宅総合」）とで「かかりつけ医制度」をルール化。「外来総合」の取扱いをしない診療所や200床未満病院では慢性疾患を扱う主治医になれなくなりました。

　ところが、「外来総合」は2002年10月に突然廃止されます。包括点数であることや算定要件の複雑さが導入当初から問題として指摘されていましたが、厚労省の狙ったような医療費抑制効果が出なかったためとされています。選択していた1万8000の診療所、1500の病院は思わぬ梯子はずしにあうことになります。新たな包括点数として、老人以外の外来患者対象の「運動療法指導管理料」を名称変更して、脂質異常、高血圧、糖尿病に限った外来のＤＲＧ／ＰＰＳともいわれる「生活習慣病指導管理料」に再編します。

　2008年には「後期高齢者診療料」が慢性疾患を総合的に管理する包括点数として新設されます。年齢を後期高齢者に限定したことへの批判や、原則として1人の患者を1つの医療機関が診るとした点について「登録医制

度につながる」として保険医協会や医師会など医療界の猛反発を招いたことから、すぐさま算定は中止され2010年改定で廃止されます。

この後期高齢者診療料から年齢区分を取り除き、「主治医機能の評価」を謳う「地域包括診療料」が2014年に新設されます。日本医師会は「人頭制・外来包括・登録医制」に結び付くという多くの保険医たちの懸念を否定し、「かかりつけ医機能の評価の第一歩」と、前向きの評価に転じ[8]、廃止を求めている全国保険医団体連合会の評価とは意見を異にしています。実際のところ、「地域包括診療料」は、同時に設定された「地域包括診療加算」とともに届出がほとんど進展していません（2016年改定時でそれぞれ0.6％、6.8％）[9]。その理由は、24時間対応や常勤医師数のハードルの高さもさることながら、国の誘導に対する保険医たちの慎重な対応の結果と見て良いのではないでしょうか。

3）医療の本体部分に保険外しが拡大

2002年の診療報酬改定は技術料にまで踏み込んだ引き下げで、医業経営に甚大な影響を与えました。その保険収入の減少を差額徴収で補う「ルールなき保険外徴収の拡大」が行われたのもこの時でした。180日超入院患者の入院基本料への特定療養費の導入は、その典型例です。厚労省は従来、高度先進医療を除いた選定療養としての特定療養費は、患者の選択と同意があることが前提であり、かつ医療内容に影響を与えるような「医療本体部分」ではない「周辺部分」にのみ適用するものであることから、皆保険制度の趣旨を損なうものではないとの立場でした。ところが、入院基本料という全くの本体部分に、しかも180日目以降という何の医学的根拠もない期間で給付区分をつけて導入したのです。

これにより、本来医療保険から支払うべきものが、患者負担すべきものへと転換させられ、負担することのできない患者さんにとっては、医療を受ける権利が制限されることになりました。

その後、2006年10月より「保険外併用療養費」（評価療養・選定療養、さらに2016年4月からはこれに患者申出療養を追加）が、「特定療養費」に取って代わります。この名称変更（療養の給付が原則である中での「特定」なものという位置づけから、保険と保険外を併用する一般的な給付のあり方という位置づけへの転換）は、国が、「保険外併用療養費」を、「療養の給付」に風穴を開ける仕掛けと考えていることをよく表しています。

4）算定制限や算定要件による抑制

診療報酬点数表には、算定するための条件（算定要件）が付されたものや、算定できる上限や範囲（算定制限）があります。これらの変更は、規制の強化あるいは緩和といった効果を発揮します。

2006年改定における「リハビリ医療への日数制限導入」は、医療の現場に大きな衝撃と混乱を与えました。それまでは制限なく受けることができていたものが、一部の疾患を除き90〜180日の日数制限が設けられ、急性期のリハビリは医療保険で、維持期リハビリは介護保険でという区別分担となったのです。医療者・患者の大きな反対運動が展開さ

れ、翌年には異例の緊急改定が行われ、リハビリにより改善の見込みがある患者は算定日数上限を超えた以後も継続できるようになりました。その後、維持期リハビリは2019年に介護保険に移行され、医師が医療によるリハビリが必要と判断しても、要介護度等の支給限度額によって給付が制限されることになりました。

保険で受けられるリハビリが制限されたことで、十分なリハビリを受けられない患者向けに、保険外で全額自費のリハビリを提供する事業者が増えているといいます[10]。当然ながら、リハビリは高額なため経済力に左右されるうえ、医師の関与がないため安全と質が担保されるのか懸念されます。医療費抑制と成長戦略の両面で政府の思惑通りの効果が現れているということになります。

その他にも、再診料、外来管理加算、外来診療料及び消炎鎮痛等処置の月内逓減制（2002年導入、2003年廃止）、外来管理加算への指導時間5分の「時間要件」（2008年導入、2010年廃止）などは、それぞれ「頻回受診を敵視」、「診療現場に土足で踏み込む」と問題視され、廃止に追い込まれています。

5）「アウトカム」評価やペナルティの取り入れ

診療報酬に「成果主義」＝「アウトカム」評価の取り入れが行われたのが2016年です。2008年改定で回復期リハビリテーション入院料にADL改善度、在宅復帰率などを試行的に導入していましたが、さらに踏み込んでリハビリテーションの効果に係る水準が一定に達しない医療機関は保険で請求できる上限が設けられました。また、摂食機能療法の経口摂取加算、ニコチン依存症管理料にも組み入れられました。

このように結果に対して点数格差を設ける方法は、成果を得られやすい患者を選択する方向に向かう危険があり、問題であるといえます。

また、在宅の「適正化」として、訪問診療料に同一建物内の複数患者を診た時のペナルティが設定（2014年）されましたが、全国からの怒りの声を反映して、不十分ながら一定の緩和策が設けられました。問題なのは2016年度改定で在宅時医学総合管理料、施設入居時等医学総合管理料に導入された、同一月の同一建物で医学管理する人数で点数を逓減させる手法の導入です。医学管理の内容に差があるわけでもないのに、人数で点数格差をつけることに医学的根拠はありません。

6）包括払いの拡大と医療費コントロール

日本の診療報酬支払方式は「出来高払い」を基本としてきました。この「出来高払い」は細分化した医療行為の一つひとつを積み上げて算定するため、患者ごとに個別性の高い医療行為に対応しており、かつ医療水準の引き上げや新しい医療技術の普及をはかるのに適した方式とされています。これに対し「包括払い」は、あらかじめ決められた点数のなかでさまざまな医療行為を一括して評価するため、過不足が生じやすく、原価を反映しにくくなる問題があります。包括払いは徐々に増えていきますが、大きな転機となったのは、2003年4月のDPC／PDPS（診断群分類別包括支払い制度）の特定機能病院への導

入です。対象病院は、段階的に拡大され普及していきます。

DPCの手本とされたのは、米国のDRG／PPS（診断群別定額支払い方式）で、医療費を患者個人別でなく疾患別に捉えるため、入院を継続する必要があっても退院させられたりするとの悪評がありました。当時はこの他にも、保険者による保険医療機関との直接契約など、医療内容と医療費のコントロールを強める方法について米国の制度が積極的に検討されていました。

DPC／PDPSの対象病院は、2018年4月1日で1730病院・約49万床となり、急性期一般入院基本料等に該当する病床の約83％を占めるまでになっています。対象が広がるにつれて基礎係数は着実に下げられている[11]とされます。また、こうした包括払いの病院でしか勤務経験のない医師が今後増え続けていくでしょうが、それに伴い、治療の費用について妥当適切なものかを判断すること自体を、無意識のうちに制限するようになってきているのではないか、と危惧されるところです。

2．危惧される「皆保険の担い手の変貌」

（1）担い手のやる気を削いできたのが「構造改革」

このような診療報酬を使った政策誘導や、医療のあり方に対する構造改革が進められる中で、開業医の担う役割が増えていく一方、皆保険制度の担い手としてのあり方に変貌の兆しが見え始め、懸念が広がっています。

1996年から2016年にかけての地域特性別（大都市、地方都市、過疎地域）にみる医師数推移によると、「2006年前後におきた医療崩壊による一時的な開業ブーム後、若手医師の開業志向が以前より低下している」[12]と指摘されています。また、「この20年間の地域別診療所勤務医数は、大都市で34％増、地方都市で21％増だが、過疎地域では横ばいで高齢化が進んでいる」[13]とされています。

開業スタイルは、親から継承しての職住一体型から分離型のテナント開業、法人のサテライトとしての開業、あるいは地域とは関係なくコンサルタントや医療モールに誘致されての開業、在宅医療に特化した開業、と多様化しています。

職住一体型で地域に根付いた開業医は、日常診療だけではなく予防接種、検診、学校保健、産業保健、地域保健、区民運動会や市民公開講座にいたるまで、地域の住民が健康なときから関わり、その延長として医療を受け持ち、さらに在宅医療も担う、いわゆる「かかりつけ医」[14]としての役割を果たしてきました。それを担う開業医が減少・高齢化[15]し、地域の医師会の活動に参加しない開業医が増えてきていることに地域の医師会はいま危機感を募らせています。

さらに、在宅医療を推進する国の政策誘導にもかかわらず、訪問診療に取り組む診療所の割合は全体の30％弱（2015年中医協）にとどまっています。このままでは、国の描く地域包括ケアの実現どころか地域医療の維持

にさえ大きな支障が生じかねないことになります。国は後で述べる「地域偏在の解消」など医療提供者改革を進めて綻びを糊塗しようとしていますが、それだけでは解決できない問題があります。

これまで低い医療費で高い健康水準が実現できたのは、日本に皆保険があったからで、それが守られてきた理由は、地域密着型の日常診療で鍛えられる「総合診療能力」と高度専門性の維持を実現し、かつ保険請求事務を通じて保険診療の担い手として自覚した開業医が、地域医療の大きな部分を支えてきたからです。開業医は、自身のやりたい医療を行うために保険診療の重要性を理解し、医業経営を守るため皆保険制度が重要だと理解して、この中で自覚的に仕事をしてきた存在です。これが崩されてきているのです。

医療現場での献身的ともいえる働きに報いるどころか、国はさらに保険診療の幅を狭め、報酬を抑える政策を推し進めており、その方向性は「医療崩壊」を経ても変わることはありませんでした。

低く抑えられた報酬に不満はあってもこれまで地域の担い手として生きてきた開業医が高齢化する一方、保険診療や保険制度に支えられた医業経営の意味を理解しようとしない若年層の増加がみられるのです。医師会や保険医協会に加入しない、あるいは管理医師にならない医師やフリーランス医師の増加は、その現れであり、更に拍車をかけるものです。保険診療や医業経営の意味、つまり自己の医療行為の社会的経済的評価を確認しないと、不当に低い評価や診療内容が歪められても気づくことはなく、国の誘導するままの診療、あるいは法人の求める診療に流されてしまいます。

このような担い手の変質を招いた原因は、国の新自由主義改革、制度構造改革に他なりません。国は、皆保険体制を守るとしつつ、自らの政策が、皆保険の破壊を導いていることを自覚し、根本から政策の見直しを図らねばなりません。

（2）開業医による高度で低廉な医療提供こそが「皆保険制度」を実りあるものにした

開業医は、患者のためにより良い保険診療を実践し、自院の健全な経営を行うという両面から診療報酬と向き合っています。実際の医療とその点数評価が見合うものであるか、制度として妥当であるのかを見極め、ときにその患者が負担額を払えるのかも考えながら、患者・市民と手を結んで国に見直しを求める存在であり続けてきました。

近年益々、診療報酬は低いままに抑えられ、その枠内で構造改革を実現するための政策誘導が押し進められており、そのたびに医療機関は選択を迫られます。診療報酬による誘導は、最終目的が医療費抑制であることから、高い点数で導入されようとも、いずれは引き下げられ、目的を達成あるいは効果があげられない場合は廃止して、算定要件だけを本体点数に組み込むといったことが、これまで行われてきました。

また、2018年に導入されわずか9カ月で凍結された「妊婦加算」のように、意義のある点数であっても患者負担として跳ね返ってくるものである以上、思わぬ批判を浴びるこ

ともあります。このケースでは、中央社会保険医療協議会での十分な議論をせず政治的圧力に屈した手続きのあり方にも問題があります。そもそも患者負担を引き上げてきたことが、患者との分断に使われる要因となっており、その意味でも個々の技術料に対する現在の点数評価が適切かどうか、医療現場において意識していくことが必要です。もちろん個々の技術評価の積み上げである現在の診療報酬のあり方を根底から否定するような、「国民負担の増加を抑制する観点からは、診療報酬単価を抑制していく必要がある」[16]との国の論立ては筋違いです。

新自由主義改革＝構造改革政治により格差と貧困が拡大する中で、患者負担を増やすことで診療の抑制を図ろうとする策は、経済的に困難な層ほど深刻な打撃を受けます。この医療を受ける権利を守るために、開業保険医たちは、患者負担の増加に反対し、子ども医療費助成拡大[17]などの公費負担医療の拡充運動に積極的に取り組んできました。

そして、診療報酬で国が実現しようとしていることを読み取って、それが自院のあり方や患者のためにならないものであれば、国の誘導に乗らずに見直しを求めるという姿勢も開業医には問われており、医療界において、そういった役割を担える存在でもあります。そうした要求を汲みとって大きな声としていくためには、地域の医師会や保険医協会といった組織への結集もまた重要となるのです。

＜参考文献＞

※「医療保険と診療報酬」（全国保険医団体連合会　2002 年 12 月）

※「点数表改定のポイント」（全国保険医団体連合会　2000 年〜2018 年）

---

1 「社会保障制度改革国民会議報告書」が、「川上に位置する病床の機能分化という政策の展開は、退院患者の受入れ体制の整備という川下の政策と同時に行われるべきもの」と表記。それぞれ「川上改革」「川下改革」といわれました。

2 京都府地域包括ケア構想（地域医療ビジョン）(2017/4)において、2025 年の在宅医療等は 2013 年度に比し約 2 倍に増加するとの推計（国推計）が出されました。

3 在宅医療推進は介護保険と連動して進められ、中心となる市町村は地域包括ケアシステムの一環としてそれを進めます。この中で「在宅医療連携拠点事業」が 2018 年 4 月より全市町村の法定事業となり、在宅医療の資源把握や課題の抽出、相談支援などが課せられました。京都市はこれを地区医師会への委託事業として「在宅医療・介護連携推進センター」の全行政区への設置を進めており、地区医師会が地域包括ケアシステムを担う「公的機関」に組み込まれたともいえます。

4 2019 年 6 月 25 日の日経新聞にて報道

5 第 1 章の註 7 参照

6 島崎謙治「"政策誘導点数"をどう考えるか」月刊保険診療（2018/12）

7 診療報酬支払において、個々の医療行為の単価を積み上げて支払う「出来高払い」に対し、様々な医療行為をひとまとめにしていくらと値付けする方式を「包括払い」と言う。「まるめ」は、この包括払いの通称。

8 日本医師会臨時代議員会 MEDIFAX（2014/3/30）

9 前田由美子「かかりつけ医機能と在宅医療についての診療所調査」（2017/2/28）

10 「広がる自費のリハビリ」(「京都新聞」2018/9/18)

11 川渕孝一「"政策誘導点数"20年の総まとめ」月刊保険診療(2018/12)に森川正路氏の推計から「2012〜18年の6年間で大学病院本院群(旧I群)は1施設当たり7200万円〜3億800万円の減収」と引用

12 「医師の地域偏在・診療科偏在は、どのような過程を経て進んだか？②」(社会保険旬報 2018/9/1)

13 「医師の地域偏在・診療科偏在は、どのような過程を経て進んだか？⑤」(社会保険旬報 2018/11/11)

14 「医療提供体制のあり方」日本医師会・四病院団体協議会合同提言（2013年8月8日）において、「かかりつけ医」と「かかりつけ医機能」について定義。「かかりつけ医」(定義)＝なんでも相談できる上、最新の医療情報を熟知して、必要なときには専門医、専門医療機関を紹介でき、身近で頼りになる地域医療、保健、福祉を担う総合的な能力を有する医師。「かかりつけ医機能」＝●かかりつけ医は、日常行う診療においては、患者の生活背景を把握し、適切な診療及び保健指導を行い、自己の専門性を超えて診療や指導を行えない場合には、地域の医師、医療機関等と協力して解決策を提供する。●かかりつけ医は、自己の診療時間外も患者にとって最善の医療が継続されるよう、地域の医師、医療機関等と必要な情報を共有し、お互いに協力して休日や夜間も患者に対応できる体制を構築する。●かかりつけ医は、日常行う診療のほかに、地域住民との信頼関係を構築し、健康相談、健診・がん検診、母子保健、学校保健、産業保健、地域保健等の地域における医療を取り巻く社会的活動、行政活動に積極的に参加するとともに保健・介護・福祉関係者との連携を行う。また、地域の高齢者が少しでも長く地域で生活できるよう在宅医療を推進する。●患者や家族に対して、医療に関する適切かつわかりやすい情報の提供を行う。

15 日医総研ワーキングペーパー「医業承継の現状と課題」(2019/1/8)

16 「平成30年度予算の編成等に関する建議」(財政制度等審議会 2017/11/29)

17 2001年5月に「乳幼児医療費無料制度を国に求める全国ネットワーク」が運動を開始したことを受けて、京都では保険医協会や京都社会保障推進協議会などが中心となって同年9月に「乳幼児医療費無料制度を国と自治体に求める京都ネットワーク」を結成。この運動により府制度として不十分ながらも就学前までの拡大を勝ち取り、上乗せを行う自治体が続いたことで2004年に一旦休止。2017年に「子ども医療費無料制度を国と自治体に求める京都ネットワーク」として活動を再開。京都市内の子育て世帯を調査し、負担による受診抑制の実態があるとした結果は京都新聞で大きく取り上げられ、さらに京都府・京都市それぞれに4千筆を超える署名を提出するなどで、2019年度の府制度拡充を実現しました。

私たちは、こう思っています

「参議院議員選挙に向けて」アンケート結果より (2019年5月末)

対象：京都府保険医協会代議員87、回答31(回答率36%)

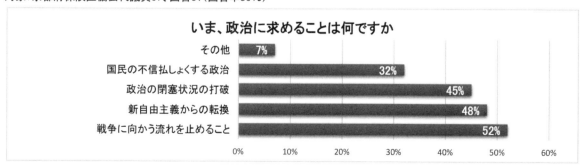

3. 施設体系改革とは別の意味合いがある「医療提供者改革」

（1）医療提供「者」改革とは

　ここまで述べてきたように、国は医療制度構造改革の名の下に、都道府県が医療提供体制と国保を一体的に管理することで、自治体自身が主体的に医療費を適正化（抑制）せざるを得ない立場へ追いやる仕組みづくりを進めています。そして、その基本的な枠組みは、2018年4月に国民健康保険が都道府県化されたことでほぼ完成したといえます。

　その枠組みの中で今、進められているのが医療提供「者」改革です。

　医療提供者改革は、医師をはじめとした医療者の在り方、「マインド」を変えようとする改革で、医療制度構造改革の総仕上げとして、構造改革によってもたらされた新たな医療制度に順応し、役割を果たせる医療者を育てるものです。

　医療提供「者」改革の狙いは3つあると考えられます。

　1つは、医師の専門性（＝専門的裁量）の発揮に対する財政的側面からのコントロール。個々の患者の状態に応じた医療の提供ではなく、診療報酬点数表上に定められた算定要件やガイドラインに沿って、保険請求が認められる範囲内で医療を行うことを抵抗なく受け入れる医師を育成すること。

　2つめは、医師労働の「生産性」を強調することで、医師を増員することなく少ない人数でも現場を回せるような仕組みを作ること。そして、その仕組みの中で働ける人材の育成をめざすと同時に、新自由主義的経済政策＝「成長戦略」において役割を果せる医師を育成すること。

　3つめは、医師数と医師配置（開業地・就業地）を、地域別・専門科別に国として管理できる仕組みをつくること。（これには、都道府県を主体的に関わらせ、実働面で活用する仕組みが作られています。）

　この3点に関わって今、国がやろうとしていることを紹介しておきましょう。

　まず1つめの医師の専門性にかかわってです。

　第3章でみた保険医運動の歴史は、「医師の専門性を尊重すること＝専門職としての判断を一義的に尊重すること」と「患者さんへの医療保障を拡充すること」は一体的に追求すべき課題であることを語っています。たとえば1962年の国民皆保険達成後に保険医たちが立ち上がり、制限診療を撤廃させた運動はまさにそうでした。医師の専門性を自分たちの都合の良いルール内に押し込めようとする国に抵抗することは、患者さんに対する公的保険による必要な医療保障の実現と一体のものです。なぜなら、医師の、医療における専門職としての専門性とは、患者、住民の医療の必要性（ニーズ）を、患者、住民自身が気づいていない場合においてでさえも気づき、掘り起こし、必要な医療や介護、福祉につなげていく、そういう能力だからです。

　しかし21世紀に入り、制限的な保険診療が息を吹き返そうとしています。

2018年の診療報酬改定において、診療報酬の算定要件に「ガイドライン」が導入されました。終末期の医療に関する点数に「人生の最終段階における医療の決定プロセスに関するガイドライン」に則っていなければ保険請求できないという新しいルールが盛り込まれたのです。

　科学的で効率的かつ一定水準以上の医療の提供を確保するという側面からは、医学的な意味での診療ガイドラインは必要です。しかし、そのガイドラインが診療報酬の算定要件に組み込まれることによって、医師の医学的判断にタガがはまり、個々の患者さんの状態よりも先にガイドラインありきの診療になってしまうとすれば、それは患者さんの個別的な状態に合わせて適宜必要な医療を十分に提供するという、医療の専門職のあり方自体を否定することになってしまいます。今、国は、診療報酬の算定要件にガイドラインを組み込み、少しずつ拡大することで、医師が、そういったことにあまり疑問を持たなくなるようにしたいのではないでしょうか。

　2つめの医師労働の「生産性」(この言葉には様々な解釈があり、科学的な概念なのかどうかを含めて、問題の多い言葉使いだと思いますが)の向上については、狙いは2つあると思います。1つは、医師の働き方改革と偏在問題を一挙に解決する方法として言われている「生産性の向上」。2つ目は、政府が打ち出している成長戦略の実現に向けて、その担い手としての医療活動ができる医師の育成です。

　前者について言えば、政府は、「2040年時点において、医療・福祉分野の単位時間あたりのサービス提供について、ロボット・ICT・AIなどのテクノロジーの活用とタスクシフティングなどにより5％(医師については7％)以上の改善をめざす」としています[1]。つまり、少ない人数でも回る現場とそれに適応できる医師になれということです。

　そして、後者については、例えばバイオ医薬品などの先進的医薬品・医療機器の創出、あるいは保険外サービスの展開等、それ自体が経済効果をもたらすと考えられる研究・開発を担う医師を育成することが考えられます。もちろん、そうした研究は必要ですが、それはあくまで人々の生命を守り、健康を守るためであって、経済成長や特定業種・企業の利潤追求のためではないはずです。

(2) 病床数抑制から医師数抑制へ

　このように、医師の「マインド」とでもいうべきものを構造改革後の新たな医療制度にあわせて変えていこうという試みを、私たちは医療提供「者」改革と呼んでいます。

　先にあげた3つのターゲットのうち、3つめの〈医師の人数と配置〉は、今、国にとって最大の課題とされています。

　開業の自由は、日本国憲法第22条1項の職業選択の自由を根拠に、営業の自由として認知されてきたものです。

　明治期の西洋医学の採用と医政の制定による近代医学の普及、あるいは戦後の医療制度再建と、日本の医療制度を巡る政策目標は変化してきましたが、いずれの場合も時の政権は、自由開業制を尊重することでそれらを実

現してきました。しかし、その方針を捨てて自由開業を規制する動きは、自民党政権が新自由主義改革を起動させた時期から、本格化したといえます。

1996年、厚生省(当時)の医療保険審議会は「今後の国民医療と医療保険制度のあり方について」で、「国民医療費の伸びを国民所得の伸びの範囲内に止めることを目標」として、医療提供体制のあり方見直しを打ち出しました。そこでは「病床数見直し」や「平均在院日数の短縮」、「保険医定年制」、「保険医定数制」、診療報酬の包括化・定額化推進、「総額請負制」までが検討項目にあがりました。国は皆保険体制を維持しながらも医療費の増加に歯止めをかけるため、医師と病床数の削減、患者のフリーアクセスに対する制限が必要と考えていたのです。その積年の目標が、今、実行に移されようとしています。それが2018年7月に国会成立した改正医療法・医師法です。その詳細は後述しますが、日本の医療提供体制の発展にとって欠かさざるべき基礎であった自由開業を制限し、国が医師の人数や配置（開業地や就業地）を規制し、自由にコントロールできる体制が構築されようとしています。

本章の1節でも述べたように、国は、都道府県が策定する「地域医療構想」と「医療費

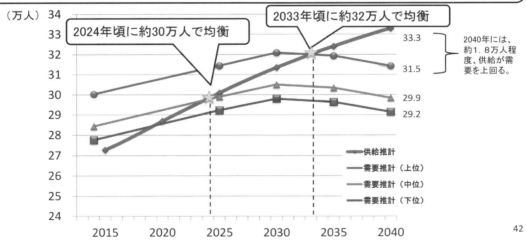

医療従事者の需給に関する検討会 第4回 医師需給分科会 資料より 2016年3月31日

第4章 新自由主義改革（＝構造改革）が壊す開業医医療　　79

適正化計画」を一体的に動かすことで、長期入院を是正し、病床機能分化（＝機能別の再編）を進め、入院医療費を抑制するためのツールを手に入れました。

そして次に課題となっているのが医師に対するコントロールです。それは医学部定員をどうするかというレベルの議論に止まるものではありません。

国が仕掛けているのは、単に医師数を抑制するだけではなく、医師と医療の在り方そのものの根本を転換させようという政策です。その入口として使われたのが「医師偏在の解消」です。

厚生労働省がまとめた「医療従事者の需給に関する検討会　医師需給分科会」の「中間とりまとめ（2016年6月9日）」は、絶対的医師不足は存在せず、将来は医師余りになるとの推計を示し、今後の医師養成数の絞り込みを示唆しました（前ページの図）。

1）医師数抑制の経緯

ここで日本における医師数に関わる政策の経緯を見ておきましょう。

1970年、厚生省（当時）は人口10万人対医師数を1985年までに最小限150人とすることを目標化。1973年、田中角栄内閣が「経済社会基本計画」に「無医大県の解消」（一県一医大構想）を盛り込んだところから、医師養成の拡大と地方への配置政策が始まりました。その取り組みは、1979年の琉球大学医学部設置で達成されたとされています。

ところが、その直後の1982年、臨調・行革に着手した鈴木善幸内閣は「今後の行政改革の具体化方策について」において、「医師について、全体として過剰を招かないように配置し、適正な水準となるよう合理的な養成計画の確立」方針を打ち出します。これが戦後初の医師数抑制の閣議決定でした。1986年には、中曽根康弘内閣の下、「将来の医師需給に関する検討委員会」の最終意見がまとめられ、医師の新規参入を最低でも10％削減するとの数値目標が設定されました。「最終意見」は、「（4）医療経済と医師数」の項で、「医師数の増加が医療需要を生み出すという傾向は否定できない事実」と述べ、医療費の伸びを抑えるためには、医師数の抑制が必要だとの認識が語られました。そして、1997年には橋本龍太郎内閣の「財政構造改革の推進について」により、大学医学部のリストラ策を視野にいれた医学部定員の削減があらためて閣議決定され、定員削減が進みます。

このように長年にわたった医師数抑制策が転換される契機となったのは、2004年から顕在化した「医療崩壊」現象です。

直接の契機とされる初期臨床研修の制度改革（新医師臨床研修制度）が、大学病院からの医師派遣を滞らせ、自力で医師確保ができない地域の中小病院を外来中止や病棟閉鎖に追い込んでいきました。

さらに、同年の福島県立大野病院事件[2]は、産科・小児科への就業を「ハイリスク」として忌避する傾向を生み、その後も続く外科、産科、小児科系への志望者減少のきっかけとなりました。こうした中、医療者の悲鳴や患者・市民の世論に押され、2008年、国はついに医師養成数増加を閣議決定したのです。

その背景には、第２章でも触れましたが、「反貧困運動」「後期高齢者医療制度、障害者自立支援制度反対運動」といった新自由主義改革の結果生まれた社会矛盾に対する国民からの反発と運動がありました。

２）新たな医療制度の姿を見据えた医師養成策という新たな視点

しかし、その後の民主党政権の挫折を経て再起動された新自由主義改革のもと、再び将来の医師余剰が打ち出され、医師養成数を増やすことを前提としない医師偏在解消策へと再転換がはかられたのです。

医師偏在解消に向けた具体的な対応策に先んじて、2017年４月に塩崎厚労大臣（当時）がまとめさせた報告書である「新たな医療の在り方を踏まえた医師・看護師等の働き方ビジョン検討会報告書」（以下、ビジョン検討会報告書）が大きな契機となりました。今日の医師偏在解消対策を通じた医師に対する規制策は、基本的にこの報告書が示したビジョンの実現に向けて取り組まれていると言えます。

報告書の内容を見ておきましょう。

同報告書には、「パラダイムシフト」という言葉が多く使われています。

「パラダイムシフト」をある辞書は、「思考や概念、規範や価値観が、枠組みごと移り変わること」と定義しています。この定義のとおり、報告書は、1961年の国民皆保険達成以来皆保険体制を支えてきた医師の働き方、「規範や価値観」を転換する改革を打ち出しており、自らを「これからの医療政策の基本哲学」と称しています。それは、国民皆保険体制における、いつでも・どこでも・誰でもが必要な医療を必要なだけ、医師の専門的な判断に基づいて保険で提供することをめざし、形成されてきた〈皆保険の実現にふさわしい医師の姿〉を、新自由主義改革後の新たな医療制度に親和的な姿へと転換させるものと読むことができます。

報告書は、パラダイムシフトが必要な理由を次のように述べています。

１つは、需要側の変化です。

人口構成の変化によって高まる医療・介護ニーズと、これに対応して医師もプライマリケアや他職種連携のできる医師を育てる必要があること。そして病床機能や病床数もこうした変化に対応できること。また、疾病構造の変化、すなわち、心疾患、糖尿病等の生活習慣病が死亡原因の約６割、医療費ベースの約３割を占め、認知症患者も急増する。

その一方で、患者の医療への期待も膨張し続けている。こういった需要側の要因による医療需要の自然増に加え、フリーアクセスと低い窓口負担が、コスト意識の低さを招き、いわゆる「コンビニ受診」「救急車のタクシー利用」などを生んでいるとの認識です。

２つめは、供給側の変化です。ここで取り上げられているのは２つのことです。

まず医療側の働き方改革として、自己犠牲と先の見えにくいキャリアを強いる現状の働き方を転換し、育児や多様なライフ・スタイルが可能な働き方への転換を述べています。

そして、医師の地域偏在です。潜在的に地方で働く意思を持つ医師は少なくないが、指導体制や子どもの教育環境などの懸念に対応

働き方ビジョン検討会報告書の示す転換の方向性

i	働き方・医療の在り方の転換	医師主導による診断と治療中心の医療からの転換 タスクシフティング、タスクシェアリング 診療看護師(仮称)の創設 介護・医療・福祉職養成に共通課程 PA（フィジシャン・アシスタント）の導入 薬剤師の役割明確化 医療・介護・看護の一体的提供の強化
ii	ガバナンスの在り方の転換	医療従事者が、その意欲と能力を存分に発揮できるよう、キャリアと働き方をフルサポートする。 医療機関自身が、必要な人材・労務マネジメント能力を培う、すなわち自助努力と健全な切磋琢磨を尊重する。
iii	医師等の需給・偏在の在り方 －「医師不足」概念の転換	全国一律の制度設計・サービス提供を志向した従来構造からの脱却 全国的に保健医療の物的・人的資源を外形的に均霑化する、人材養成数を増やすことで労働力を確保する、という発想から脱する 都道府県による初期臨床研修の定数設定や新専門医制度研修への関与を強化し、国からの権限移譲を進め、偏在解消策も地域自らが考えられるようにする 外来医療も診療科ごとの医師配置状況等、供給体制をデータで把握し、必要な診療科の方向付け等を行う
iv	プライマリケア確立	従来、開業医の担ってきた役割をシステム化する。そのために総合診療専門医育成を強化し、将来的に「かかりつけ医すなわちプライマリケアを担う医師を定め、日常の健康問題に関する診療は、まずはこれらの医師が担うこととして、専門診療を必要とする場合には、その紹介によること等」を検討する 「診療報酬におけるアウトカム評価と医療費の定額払い」によって、「地域の医療機関全体にメリットが生じるような医療保険制度の見直し」の検討
v	審査支払機関の在り方	電子的に収集される健診情報やレセプト情報をビッグデータとして活用。 「レセプト・コンピューターチェックを標準化・効率化しつつ、充実」し、「審査支払機関が業務集団から頭脳集団に変革」するため「常勤の医療従事者を配置」

「新たな医療の在り方を踏まえた医師・看護師等の働き方ビジョン検討会 報告書」（2017年4月）をもとに筆者作成

しなければ、その意思は結実しない。加えて、医療資源が乏しい地域では、ＩＣＴなど技術進歩を取り入れて、地理的な不利益をカバーできるような仕組みを整えなければならないとしています。

そして３つめが、テクノロジーの変化です。

ＡＩ（人工知能）、ＩｏＴ５等、ＩＣＴの進歩によって、レセプトやカルテ情報が共有され、請求の適正化、診療の標準化と質の向上が可能となると述べています。

その上で、転換の方向性を５つの柱に分けて示しています（前ページの表）。

そこからは、具体的ではないながらも、国のめざす新たな医療制度とその下での医師像・医療提供者像が浮かび上がり、国はその実現に向けた制度改革作業を進めていると考えることができます。

医師の働き方を巡り報告が打ち出したのは、医師主導による診断・治療中心の医療の転換でした。タスクシフティング、タスクシェアリングを進めること、そのために新たな診療看護師や、ＰＡ（フィジシャン・アシスタント）導入が打ち出されました。

さらに、医師不足概念を転換するといい、全国一律の普遍主義的な制度設計・サービス提供を志向した従来構造からの脱却を謳います。

開業医については、これまで担ってきた役割をシステム化すること、将来的に「かかりつけ医すなわちプライマリケアを担う医師を定め、日常の健康問題に関する診療は、まずはこれらの医師が担うこととして、専門診療を必要とする場合には、その紹介によること等」を提起したのです。

３）新専門医制度創設をめぐる経緯と開業規制への突破口

①専門医制度をめぐる混乱

このビジョン報告書を受け止める形で、医療提供者改革の具体的組み立てが始まりました。現時点ではこの報告書こそが、国の青写真といってよさそうです。しかしこのビジョンが策定されるまでの経緯において見逃せないのは、新専門医制度の創設をめぐる混乱でした。新専門医制度は「制度」と名乗ってはいるものの、本当は国の仕組みではないということになっています。あくまで実施主体は中立的第三者機関である「日本専門医機構」で、プロフェッショナル・オートノミーによる医療界の自主的な取り組みに過ぎないのです。同制度はこれまで各学会が行っていた専門医認定について、新たな総合診療専門医を含む、19基本領域について機構が認定することとし、医師は何れかの専門医資格を取得することを基本とする（当時、資格取得はmustと表現されていました）というものでした。

新たな専門医制度による研修は当初、2017年４月からと予定されていました。しかし2015年末を境に、新たな仕組みによって「地域医療が崩壊する」「今まで以上に医師・診療科偏在が進む」と反対、慎重意見が医療界を中心に広がり、これを受けた日本専門医機構はスタートの１年延期を決めざるをえませんでした。

話は少し横に逸れますが、そもそも日本で専門医の資格取得が制度化され、実施にまで

至るというのは、かつてない出来事なのです。

実は戦時中の1942年、当時の政府が、国民医療法によって厚生省を運営主体とする専門医制度を法制化したことがありました。しかしそれは施行されることなく、敗戦により廃止となりました。

1950年になると厚生省が再び再法制化へと動き出しました。1956年、厚生省は医師を「一般医」と「専門医」に区別する身分分離的な専門医制度構想を明らかにします。これに猛反発したのが日本医師会、すなわち開業医の集団だったのです。

一橋大学社会学研究科教授の猪飼周平氏は、専門医制度が開業医によって阻止された経緯を次のように概括しています。「…その背後には、身分分離的専門医制度を取りこみ難いものとする独自の根拠が、最大の反対者である開業医の存在形態の基礎に、存在していたと考えなければならない」。それは、「1930年代後半、専門医制度下では一般医に規定されるはずの開業医は、勤務医に比して遜色ない医療水準を達成していた」からであると分析しています[3]。猪飼氏の分析は、重要な示唆を私たちに与えているのではないでしょうか。

その後も、1986年の家庭医構想、2005年の厚労省による「医療提供体制に関する意見」、2009年の「卒後医学教育認定機構（仮称）構想」、2011年「医療提供体制に関する意見」と、繰り返し、専門医制度の創設は打ち出され続けてきていたのです。

②登場した医師に対する規制論

さて、話を元に戻して、この専門医機構による新専門医制度立ち上げにまつわる混乱に乗じて、厚生労働省が新専門医制度にコミットする道筋が作られました。

延期か実施かで機構が揺れていた2016年3月、厚生労働省は事態の収拾に乗り出します。厚労省の社会保障審議会医療部会に「専門医養成の在り方に関する専門委員会」が設置されたのです。これが、医療界の手による自主的な取り組みであるはずの新専門医制度に、厚生労働省が関与する入口となりました。

そして5月11日、とうとう医師に対する規制論が登場しました。

塩崎厚労大臣（当時）は経済財政諮問会議の席上、医師・診療科偏在是正を目的にあげ、「医師に対する規制方針」を説明。保険医定数制・自由開業制規制の提案を行ったのです。これに続けて厚労省は「医療従事者の需給に関する検討会」を立ち上げ、6月3日に同検討会・医療需給分科会の中間とりまとめを公表。そこでは「医師偏在は医師数増を伴わない形で」進めること、そして次ページのような「規制を含めた医師偏在是正策」を提起したのです（次ページの表）。

しかし、ここで思わぬことが起こりました。塩崎厚労大臣は中間とりまとめを否定し、医師需給分科会の議論を中断させたのです。そして「新たな医療の在り方を踏まえた医師・看護師等の働き方ビジョン検討会」を、需給分科会の中心メンバーである医師会をはじめとしたタスクフォースを排除する形で立ち上げたのです。その検討会がまとめたのが先のビジョン検討会報告書だったのです。

なぜあのようなタイミングでビジョン検討会を立ち上げたのか。当時、塩崎大臣

> 〈医師養成システムの側面から〉
> 　ⅰ 卒業後の地域定着がより見込まれるような地域枠の在り方を検討。
> 　ⅱ 初期臨床研修は医師不足に配慮して募集定員を設定。
> 　ⅲ 専門医（新専門医制度における）について都道府県の調整権限を強化し、診療領域ごとに枠を設定。
>
> 〈地域医療構想・医療計画の側面から〉
> 　ⅳ 医療計画に医師不足の診療科・地域等の医師数確保の目標値を設定。
> 　ⅴ 将来的に医師偏在がつづく場合、十分ある診療科の診療所の開設について、保険医の配置・定数の設定や、自由開業・自由標榜の見直しを含めて検討。
> 　ⅵ 特定地域・診療科での従事経験を、診療所等の管理者要件に。

医療従事者の受給に関する検討会　医師需給分科会
中間とりまとめ（2013年6月3日）より、筆者が整理

はインタビューで次のように述べています[4]。「患者の立場から、医師の働き方の観点から、そこに対する骨太の哲学をもって医師の需給を予測しなければいけない」。

振り返って考えると、〈骨太の哲学〉という言葉は、ＡＩやＩＣＴの発達、「創薬」や高度先進医療を通じた経済成長、医療提供体制の姿の変化にふさわしい医師需給を考えることを意味していました。

これまでの皆保険体制による医療制度の姿を、時代に即して根本的に見直すことこそ必要であり、現行制度の延長線上にはじき出した需要推計は「無意味な数字」として、新たな医療制度の姿を踏まえた推計をやり直すべきだと大臣は述べたのです。

新専門医制度は、〈骨太の哲学〉による新たな医療のあり方と、そのもとでの新たな医師像の実現に向け、策的位置づけを与えられることになったのです。

混乱の中でトーンダウンしたとはいえ、出発点にあっては、すべての医師が、新設される総合診療専門科も含めた19領域の何れかの専門医資格を有すること、これが基本とされていたことが大きなポイントです。そして、年月とともに新専門医制度開始以前に養成された医師たちがみんないなくなった時、都道府県別・診療科別の「定員」設定の仕方によっては、全医師の就業先や人数を国がコントロールすることも夢ではなくなります。自由開業制の時代を知らない世代が主流になったとき、彼らは適正配置を抵抗なく受け入れることになるかもしれません。これは、明治維新後に漢方医と西洋医を共存させ、漢方医をゆっくりと淘汰していった手法と酷似しています。

4）医師の働き方改革

新専門医制度がスタートし、何とか動き始めたと思ったら、続いて大きく浮上したのが医師の働き方改革でした。時間外労働に上限

規制を設ける労働基準法改正[5]にあわせ、医師についても「医師の働き方に関する検討会」が設置され、時間外労働の上限規制をはじめとした過重労働の防止が検討されたのです。

しかしその議論すら、国は〈新たな医療の在り方〉にふさわしい医師の姿の実現に向けたテコに使おうとしています。勤務医の長時間労働を改善するために、タスクシェアリング、タスクシフティングを進める、プライマリケアの確立（開業医の役割のシステム化）、ＩＣＴの活用を推進するといった方針は、ビジョン検討会報告の引き写しです。

その上、医師の働き方に関する検討会は、時間外労働の上限（暫定）として年間1860時間という驚くべき数字を示しました。一般則の上限は特別の事情があっても年間720時間であるにも関わらず、医師（実質的には勤務医）に対しては、過労死ラインを遥かに超える時間外労働を合法化したのです。

医師数を増やさずに医師の過重労働を無くすことは無理だということを明白にしてしまうもので、同時に国は本当のところ医師の労働条件改善をするつもりがない。働き方改革すら、医療提供者改革の手段に過ぎないということを示してしまったのです。

5）医師偏在指標、医師多数区域・少数区域の登場

2019年に入ると医師需給分科会が決定的な提案を行いました。厚労省の考える医師に対する規制強化がとうとうその姿を現したのです。改正医療法・医師法（2018年7月）に基づく医師偏在対策として、「医師偏在指標」とそれを使った都道府県の医師確保計画策定が動き出しました。

その方法は次のようなものです。

これまで指標として用いてきた人口10万人対医師数という考え方を否定し、新たに医師偏在指標の算出方法を定めます。偏在指標に基づいて、全国の三次医療圏・二次医療圏をランキングし、上位33.3％を「医師多数区域」、下位33.3％を「医師少数区域」とします。これを使って都道府県は2020年度から医療計画に医師確保計画を定めます（次ページの図）。

計画では、医師少数三次医療圏、医師少数区域では医師を増やすことを基本にしますが、医師多数三次医療圏の中の医師少数区域への医師確保は、他の三次医療圏（つまり、他の都道府県）から医師を連れてきてはいけないことになっています。

外来医療についても、外来医師（診療所医師）偏在指標を作成し、二次医療圏ごとにランキングし、上位33.3％を医師多数区域と定めます。医師多数区域での新規開業を希望する医師に対しては、都道府県への届出様式に、地域で定める不足医療機能（具体的には、初期救急、在宅、公衆衛生等）を担うことに合意する旨を記載する欄を設けます。これに、従わない医師は〈地域での協議の場〉に出席させて、そこでの協議の結果を公表するとしています。

厚労省はこれを規制ではない、と述べていますが、どう考えても多数区域での就業・開業にハードルを設けるものであり、今までにない規制が持ち込まれることになります。

医師偏在指標　京都府内の状況

上段：第30回医師需給分科会資料の数値（2019.3）
下段：厚生労働省提供データによる数値（2019.4）

[都道府県単位]

[医師]

三次医療圏	指標	全国順位	備考
京都府	314.9	2	医師多数
	313.8	2	医師多数

[産科]

指標	全国順位	備考
11.8	14	
15.1	7	

[小児科]

指標	全国順位	備考
140.6	3	
143.6	2	

[外来]

指標	全国順位	備考
133.2	2	

[二次医療圏単位]

医師偏在指標

二次医療圏	指標	全国順位	備考
全国平均	238.3		
	238.6		
丹後	135.6	252	医師少数区域
	164.8	216	医師少数区域（取消線）
中丹	191.8	114	
	189.4	138	
南丹	169.6	162	
	219.8	86	医師多数区域
京都・乙訓	399.6	10	医師多数区域
	382.6	5	医師多数区域
山城北	182.6	136	
	187.4	147	
山城南	173.1	152	
	206.1	102	医師多数区域

産科医師偏在指標

指標	全国順位	備考
12.0		
12.8		
9.2	167	
12.7	103	
7.8	212	相対的医師少数区域
7.3	244	相対的医師少数区域
9.9	137	
13.3	95	
12.4	78	
16.9	42	
13.0	67	
13.0	102	
13.3	63	
14.6	70	

小児科医師偏在指標

指標	全国順位	備考
104.9		
106.2		
109.3	80	
138.1	32	
117.6	66	
111.4	96	
126.5	56	
149.9	22	
164.5	18	
157.1	19	
98.9	109	
115.9	79	
86.4	150	
103.9	129	

外来医師偏在指標

指標	全国順位	備考
105.8		
106.3	2	
92.2	199	
90.9	207	
104.2	101	外来医師多数区域
103.8	113	外来医師多数区域（取消線）
95.7	168	
97.6	158	
153.1	6	外来医師多数区域
152.3	6	外来医師多数区域
99.4	141	
101.4	132	
102.1	121	
104.6	101	外来医師多数区域

＊医師少数区域及び医師多数区域

全国335の二次医療圏の医師偏在指標の値を一律に比較し、医師の偏在状況を示す。
・上位一定の割合（1/3）を医師多数区域
・下位一定の割合（1/3）を医師少数区域

＊相対的医師少数区域

産科・小児科医師が相対的に少なくない地域等においても、医師が不足している可能性があることに加え、これまで医療圏を越えた地域間の連携が進められてきた状況に鑑み、医師多数区域や医師多数三次医療圏は設けず、下位33％を「相対的医師少数区域」を呼称とする。

＊外来医師多数区域

上位33.3％を外来医師多数区域と設定し、都道府県等に情報提供を行うことで新規開業者おける自主的な行動変容を促し、偏在是正につなげる。

医師偏在指標　全国335医療圏
下位33％ ⇒医師少数区域　　上位33％ ⇒医師多数区域
335位 334位 333位〜　　　〜3位 2位 1位

医師偏在指標　京都府内の状況　（2019年5月13日京都府医療対策協議会資料より）

4．国政策と医師・医療機関の関係性をどう考えるか

　以上のように医療制度構造改革は、とうとう医師の在り方を変える、という段階に突入してしまいました。これは歴史的にみれば漢方医から西洋医への転換に匹敵する大改革といえるでしょう。

　地域医療構想や、医師偏在是正をめぐる国の方針・議論からは、医療機関の経営方針や、医師の生き方に強く介入する姿勢が見て取れます。

　さらに、2018年7月に国会成立した改正医療法・医師法に基づき、日本専門医機構と新専門医制度における18基本領域の学会に対し、厚生労働大臣の意見を聴くことも義務化されています。「学問の自由」との衝突という憲法上の疑念すら無視し、国は医師・医療機関の統制・管理へとひた走っているといえるでしょう。ガイドライン医療の導入や、レセプト審査基準の全国統一化等、医療内容に対する介入や統制強化もその一環とみることができるでしょう。

　医師・医療機関は確かに、公的な存在です。生存権保障の担い手であり、社会保険制度を通じて公費が投入され、それによって医業を営んでいます。

　しかし、医師に対する国家介入は危険な側面を持っています。医師の高度な専門性やその鍛えられた技術は、人々の生命を左右するからです。それゆえに、医師をはじめとする医療者は、時の国策から自由である必要があります。

　今後、医師をコントロールしたい国と地域の医療者の間でのせめぎあいはもっと激しくなると考えられます。それは、医師の専門職としての矜持をかけた闘いといえるでしょう。

5．医師偏在問題は、どう解決すべきか

　医師偏在問題が起こる原因について、私たちは次のように考えます。

　まず、医療保険制度の限界です。今の仕組みにおいて、経済が疲弊し、人口減少の状態にある地域では、患者が確保できず、採算がとれないため、開業は困難であるといえます。これを是正する方法は唯一、地域経済を再生させ、地方の暮らしを再建することです。それまでの間は、公立医療機関を配置し、行政の責任で医師を確保するしかありません。ただでさえ国は、公立医療機関を縮小する政策ばかり進めてきました。今は、国保直営診療所はじめ、公的な医療機関がその地域の医療保障をカバーできるように、公立医療機関に関する政策を転換すべきなのです。

　医療制度は社会保障であり、国が人々の生命と健康を守る義務を果たす仕組みです。そうではあっても、強制的に都市部の医師を地方へ赴任させるようなやり方は、間違った手法だといえます。

　また、総数としての患者数は少ないけれども、近隣に医師がいなくて一人の開業医が走り回っている地域があったとして、そこへ医師不足地域だからと多数区域から医師の開業を促せば、もともとその地で医業を営んでい

た医師ともども経営的に共倒れする危険があります。

もう1つは、医師の自由開業とは、医師不足地域に開業する権利をも含まれるということです。医師不足地域に開業したくでもできないのは、医師個人の問題ではなく、制度問題であり、政治の問題です。

医師不足地域での医業を可能とする仕組みの創設が求められます。当該地域における医業の採算ラインを明らかにし、それに対し、どれだけの医業収入が見込めるかを推計し、直接国費を投入するような仕組みが必要です。この仕組みによって、少なくとも医業が成立しないから医師不足地域で開業できない、という理由は取り除かれるはずです。

医師の働き方改革における1860時間というとんでもない「上限規制」（そんなものは規制ではなく過労死の合法化です）が提案される素地には、国民の医療のためには医師が犠牲になっても構わないという考えが透けて見えます。

私たちは、これからの医療を担う医師の皆さんが、そんな傲慢な、間違った思想でつぶされてしまうことを望みません。のびやかに、したたかに、患者さんのために、自分の力を遺憾なく発揮できる医療制度を、みなさんとともに、実現したいと考えています。

---

1 2019年第5回経済財政諮問会議根本厚労大臣提出資料「2040年を展望し、誰もがより長く元気に活躍できる社会の実現に向けて」（2019年4月10日）参照

2 大野病院事件：2004年12月17日、福島県立大野病院での産婦死亡をめぐり、執刀した同院産婦人科の医師が業務上過失致死と医師法違反の容疑で2006年2月18日に逮捕・起訴された事件。2008年に被告無罪確定。

3 論文「明治期日本における開業医集団の成立」（猪飼周平著）

4 『日経メディカル』2016年12月

5 働き方改革関連法（2018年6月29日成立）

第5章
保険診療の現場から
―若き医師たちへのメッセージ―

保険医の担い手としてのメッセージ

保険診療のルールを守り、保険で良い医療を提供することの意義について

鈴木　卓

　今日医学部を卒業し医師国家試験に合格した若き医師が実際の一般的医療行為を開始しようと思えば、どこかの医療機関に所属し自治体（京都府等）から「保険医」の認定証の交付をうけて初めて保険診療が可能となる（この基本的な解説は、本書　第1章第1節参照）。ところが残念ながら、この時保険医・保険医療とは何か？　について全く説明や講習も無く、いつの間にか保険医になっているのが現状である。新規開業医には「新規個別指導」があるが、病院勤務医はそのまま年余を過ごすことになり、時々事務方から「この検査は保険に通りません」とか「レセプト審査で減点されたので症状詳記を書いて再審査請求してください」と言われたりする程度の認識であろう。本来医師となって最初の段階で、公的に保険医療についての講習があって然るべきであろう。

　国民皆保険制度は開業医の運動が原動力となって達成されたことは歴史的事実であるが、その内容が医療側にとって完璧であったというわけではない。療養の給付を行う医療側と、療養費支払いに関与し医療費の抑制を図る保険者や政府側とのせめぎあいの結果が、その時々の医療給付内容を決定して来た。それは主には「健康保険法」「医師法」「医療法」等の法律の一部改正（国会審議、結構頻回に行われている）と2年に1度の「診療報酬」「療養担当規則」の改定（中央社会保険医療協議会（通称、中医協）審議）を通してである。最近は法律改正に際して、多数の医療関連法案をひとまとめにして委員会・本会議の短時間審議で可決・成立させるようになってきており、極めて問題が多い。それに比べ中医協での議論は、比較的実際的・民主的ではある。例えば新薬や新たな検査法・治療法などで有

効性・安全性が確認された技術は、中医協総会で議論され、合意されれば保険収載となる。それは全ての患者にエビデンスのある治療が公的保険で現物支給されることである。国民は少ない自己負担で適切な医療（最新技術も速やかに）を受けられる恩恵に浴することで、憲法25条で保障された国民の権利を享受できる大切な仕組みの1つである。医師にとっても治療薬や治療法の保険収載は治療の選択肢が広がり、患者・疾病に即した医療を費用をあまり気にすることなく提供できる利点は大きい。適切な診断と治療で早く確実に治れば患者の満足度は高く、また医師自身も自らの知識と技術の粋を駆使した最善の治療に自己確信を深める。これこそ実地臨床の醍醐味であろう。また、これは保険財政的にも最少の費用で効率的な医療が実現されることに繋がる。

ところで、実際の医療現場では時として保険適用以外の検査や薬剤使用、準用した治療法がどうしても必要とされる場面に遭遇する。これらの診療の全てが画一的に査定（減点）されるかといえばそうでもない。レセプト審査委員が医学的に妥当と判断すれば保険で認められる場合もある。いわゆる「医師の裁量（の範囲）」という高度な判断である。患者の個別性・多様性、治療の不確実性は大きく、その個々人の病態に応じて必要な医療を提供することには保険適用が認められるべきである。公的保険が認められず自費診療（保険外併用療養費以外）を行えば「混合診療の禁止」規定に抵触する。それは1回の診療があまりに高額医療となり、多くの患者は支払い不可能となろう。かといって医療機関が請求しなければ「持ち出し」が発生する。これは本来あるべきでないし、重なれば経営を圧迫しかねない。

このような保険適応が微妙なケースは審査委員会で一旦認められても（一次審査）、その後保険者が認めないとしてレセプト審査を差し戻し（査定）してくる場合がある（保険者再審、最近多い）。これに対して医療者側がその査定を納得できないとして再審査請求・再々審査する道が残されてはいるが、現状ではこの結論はなかなか覆せない。しかし、諦めないで納得が出来ない査定には症状詳記を付けて再審査請求すべきであろう。審査委員会は高い志と専門知識を持って丁寧に医学的審査に当たっており、最終結論が不満だからといって審査委員を非難してはならない。我々からは見えないが、立ちはだかるのはその裏側で杓子定規の規定を押し通そうとする保険者の存在である。

実は、今この関係が非常に重要な局面を迎えている。現在政府は、社会保険診療報酬支払基金（基金）の大改革に取り組んでおり、その中身は①レセプトの90％をコンピュータのみの全国統一基準による画一審査で判定し、有無を言わさない（一部現在進行中）。②いわゆるローカルルール（都道府県ごとの審査で地域固有の疾病構造や審査の歴史の積み重ね等を反映した独自判定基準）で異なる審査基準は極力排除し全国統一とする（現在進行中）。③医学的判断が難しいレセプト（残10％）のみ専門医師が審査を行う。④再審査請

求などに対応するため各都道府県に審査委員会は残すが、その規模・機能は縮小する。等々、この方向性は既に2019年の国会で「健康保険法等一部改正法」が成立し、法的拘束力を持つに至っている。そこで問題になるのが医師の裁量とローカルルールで、これが医療保険的に大幅に制限されて来る恐れが強い。ということは診療の幅が狭まることでもある。これこそが患者にとっても医療機関にとっても重大問題である。今守るべきは都道府県毎の審査委員会の体制と機能であり、コンピュータによる画一的審査（査定）に対抗しては再審査・再々審査請求をかけて人による審査を確保していく道である。そしてより根本的には、今進められている基金改革の様々な場面に医療側の要望を反映させ、コンピュータのみによる審査を制限し、医師の裁量が十分認められる各都道府県レセプト審査委員会の仕組みを守り発展させる運動を起こしていくことであろう。患者の病状は千差万別、あくまで個別的な判断と治療が原則である。この医療のあり方に、コンピュータ審査はなじまない。

1人1人の患者さんに寄り添って医療をする日本の医師の姿を守らなければならない。

その際、我々の意見が正当性を持って国民に支持されるためには、先ずは我々が保険適用の規定を知り、それを中心に医師の裁量の範囲内での診療の遵守に心掛けることで、過剰診療や不正請求等の落ち度があってはならない。限られた医療保険財源の中で患者の病態に応じた医学的に過不足のない診療なら公費（医療保険＋税＋公費負担医療）で負担しましょうと、国民自身が自らの医療を守るためにも必要と感じてもらえることが重要である。この医療者と患者の相互の信頼関係こそが、世界に冠たる日本の国民皆保険制度とその財政をいつまでも健全に保っていく唯一の道である。

私たちは、こう思っています

「地域別診療報酬について」アンケート結果より（2018年10月）
対象：京都府保険医協会代議員89、回答40（回答率45％）

> 地域医療の担い手としてのメッセージ①

医療と介護が混在し、「地域包括ケア」という形で地域の医療のあり方が変わっていっている現実に対しどう向き合うか

吉河　正人

　超高齢社会を迎え「地域包括ケアシステム」の構築が叫ばれ、実行に移されている。

　この概念は1980年代に広島県御調町（現在は尾道市）の公立みつぎ総合病院 山口昇医師によって提唱され、2000年にスタートした介護保険制度において、厚労省老健局長の発案で組織された高齢者介護研究会が2003年にまとめた報告書「2015年の高齢者介護」によって公の概念となったとされる。その後2008年に組織された地域包括ケア研究会を主体とした種々の研究・提言がなされ、現在も進行中である。

　中学校校区を基本的な単位とし、その地域内で医療、介護に係わる多職種の協働によって、住み慣れた地域でいつまでも元気で暮らすことができるよう体制を整備することとなっている。

　しかしながら現実はどうであろうか？　一口に中学校校区と言っても人口密度、諸施設の整備状況、交通網の充実度等々それぞれの抱える事情は千差万別であり、それこそピンからキリまで格差はものすごく大きい。国はもとより、実施主体である市町村単位で考えてもこの状況は厳然と存在する。従って行政の常套手段である、机上で考え、作り上げたひな形を以て地域に下ろし、実行させるなどは到底不可能と考える。永年地域自治体の高齢者対策検討会議のメンバーとして常に主張し続けてきたのは、地域のニーズをきちんと把握し、それぞれに見合った形のシステムを形成すべきとの意見である。

　私が生まれ故郷である現住地で開業医生活をスタートさせた頃は、人口約6000人の町であった。町に中学校は一つ。町国保立病院と開業医院各1、開業歯科医院3、50床の特別養護老人ホーム1、デイ・サービス1といったところが医療、介護施設としてあり、ホームヘルパーは町の事業として実施されていた。介護保険制度に移行した後も、町保健福祉センターの建物の1室に保健福祉関係の町職員（保健師等）、訪問看護師（病院から派遣）、在宅介護支援事業所職員（社会福祉法人に委託）が机を並べ、正に「顔の見える関係」が構築されていた。当時は稀な存在であった特別養護老人ホーム所属の理学療法士が講師を務める町事業としてのリハビリ教室（現在の介護予防事業に相当）も毎週開かれ、整形外科の経験がある私もアドバイザーとして月1回以上参加し、多職種協働が実践されていたのである。

　平成の大合併により、我が町は隣の市に吸収された。介護保険事業の対象地域は拡大され、市全体のサービス均一化を名目として、旧町独自の事業は次々消えてゆくこととな

り、提供できるサービスは薄められてしまった。

合併以前から地区医師会は市町一体の組織であったため、医療と介護の連携を深め、「顔の見える関係」構築の推進を図る多職種勉強会が医師会主導で2002年度に立ち上がった。近年は年2回のペースで開催され、参加者も100人前後を数えるようになっている。反面30人程度でスタートした当初に比べ、顔が見えにくい会になってきた感は否めない。

「大きいことは良いことだ」というCMがヒットしたことがあったが、多職種協働が不可欠で、かつ地域住民全体が参加してこそ意味のある「地域包括ケアシステム」を作り上げるには、小回りのきくほどほどの規模であることが重要な要素と考える。

このシステムにおいて、医師の果たす役割はどうあるべきか？ 日本医師会、京都府医師会は医師がリーダーシップを取って運営すべきであると唱える。確かに住民の健康を守り、傷病の治療、予防に重要な役割を担う存在であることは確かである。が、生活全般に目を配り、きめ細かいサポートをするには時間的に無理があると思う。介護保険制度が定着した中にあっては、やはりケアマネジャーが中心となり、医師を含めた各分野の関係者が意見交換をしながら個々に相応しいサポート体制を作っていくべきと考える。勿論ケースによっては医師が主導的立場に立つ必要が出てくるであろう。その時にはしっかりと役目を果たすべきである。

現制度では文書作成がやたらに増え、その対応策としてICTの活用が推進されてきている。悪いことではないが、顔が見えにくくなっていく（見なくてもすむ）デメリットを危惧するのは私だけか。

人が人をみる原則を忘れてはいけない。正常を知らないで異常かどうかを判断することはできない。安定しているときこそ丁寧に理学所見を取っていくことは、とても大事だと実感することが多いのである。

P7 コラム筆者　渡辺賢治作

> 地域医療の担い手としてのメッセージ②

医療過疎地の医療を担う意味について

吉村　陽

　2003年放送のTVドラマ「Dr. コトー診療所」を視聴された方もいるだろう。ドラマをみて医師を志された方、僻地医療に関心を持ち取り組んでおられる若き医師もあろう。ドラマは沖縄の離島が舞台で、過酷な医療状況や、島での生活が描かれていたと記憶している。

　医療過疎地というと、離島や山間僻地が想起されるが、実は都市部にもある。高齢化したニュータウンやミニ開発の集散地域に現れ徐々に拡大していく。生活に不便な環境（交通事情が悪い、中心地区から遠い等）のため、住民の世代交代が順調に進まず、高齢者だけ取り残された街である。山間僻地の医療過疎地に似た発生構造である。自らの意思で残る人もあるが、大半は転居資金がなく、所有不動産も売却できない経済弱者である。

　若く活動的で、自動車等移動手段があれば、多少遠方でも医療機関の受診に不便はない。高齢者は、移動手段を提供する隣人もなく、利用者減で公共交通機関が撤退すると、医療機関の所在が同じでも、受診できなくなり、居住地域の医療過疎化が進行する。

　在宅医療は政策で誘導されているので、訪問診療する医療機関を利用すればよい、と思われるだろう。都市部の往診先は近接しているので、医師の移動時間は短時間で済む。しかし、住民にとって不便な土地は、往診にも不便な土地である。日常診療や公衆衛生業務を行いながら往診できる件数は限られている。まして広大な過疎地を担当している医師は大変である。片道1時間かかることも珍しくない。ようやく往診先に到着しても、患者さんが畑の見回りに出かけ不在で辺りを探すこともあるが……。

　人口が流出すると、経済活動は沈滞し、商店もなくなり生活必需品が手に入らなく、更に不便になる。患者減から閉院する医療機関も現れる。残った医療機関も将来の人口減や、一人で地域医療を担う不安・負担から、子弟に継承を勧められず、医療過疎が更に進行する。

　都市部の医療過疎地は行政が医療提供に介入すれば解決できる。

　しかし自治体全体が医療過疎地になるとそうはいかない。

　医師のいない自治体は、公衆衛生業務に支障をきたすので、必死になり医師募集を行う。

　一方、少数ながらも医師がいる医療過疎地（時には1自治体1医師のこともある）は複雑である。

　今いる医師（1人のこともある）は、日夜、

多科にわたる外来診療、訪問診療、症例によっては、病院から依頼された自らは不得手な処置の継続、等の保険診療や、公衆衛生業務を行っている。このような自治体では、行政職員や住民は、地域を活性化させ地域再生を図ろうと頑張っている。我々医師も奮闘している。

他地区での医療経営より経済的には恵まれなくても、日夜充実しているので、正直大変だが、幸福度の高い医療者でいられる。ただ、家族が居れば家族の幸福感はどうかはわからない。ましてや、子供たちが継承するか不明である。

ところが、住民サービスとして、行政が新たに医療機関を誘致したらどうなるだろうか？ 現在ある医療機関の収入は激減する（1自治体1医師であれば半減する）。住民が自分の診療に満足できず、医療機関を誘致したと考えると、将来のことを考え閉院するだろう。

新専門医制度で地域医療支援病院などの管理者（院長）の要件として、厚労省が「医師少数区域」での一定期間の勤務を挙げている。新専門医制度の研修の中に組み込まれるなら、おそらく数カ月の勤務となるであろう。

医療過疎地に公的医療機関があれば、この資格取得目的の医師が容易に送りこまれてくる。地域医療は少々充実するかもしれない。しかし考えたくはないが、住民からの開業医への期待度が減るかもしれない。そうなれば収入も減少する。開業医は閉院も考えるであろう。

研修医を終了した医師であれば判るだろうが、数カ月のローテーション勤務でどれだけ現場の役にたてたか。患者さんの疾患以外の背景がわかるには年単位で時間が必要だ。閉院した開業医の替りを務められるように腹をくくって赴任し、働いてもらいたい。

医療過疎地で提供できる医療は十分とは言えない。患者さんも医療機関を選択する余地は少ない。我々医師は、今提供できる医療でどれだけ病気や生活が改善できるか、あるいは無理をしてでも遠方の医療を受けさせるべきかを考えて診療している。

そのためには行政や地域包括と密に連携する必要がる。また患者さんの隣人からの情報も重要である。診療だけでは患者さんの本当の治療法はわからない。

我々開業医が地域で診療に真剣に取り組むほど、地域の問題が見えてくる。

医療過疎地の拡大・増加は医師が赴任しないことが原因ではない。家族を都会へ残し単身赴任で頑張っている医師もいる。公的医療機関であれば、契約年限を決めれば赴任する医師は見つかるはずである。問題は、医療機関の経営が成り立つか否かである。

現在、都市部の公的医療機関でも赤字で次々民間委託されてきている。

生活するには衣食住が必要である。医職住でもあろう。さらには移動の自由も必要である。

医療過疎地が出現するのは、人口減少とともに、公共交通機関がなくなり、経済活動が低下し、仕事がなくなり、更に人口減少が進むからである。市町村合併により地域の活力が合併中心地区に集中し、周辺地区の活力がなくなり、更に人口流出する場合もある。

このままでは人が住まない土地が増え、管理手入れが出来なくなると国土が維持できなくなる。地方創生などは手ぬるい、もっと地方に人が住みたくなるような政策・制度を考える時期だ。

医療過疎地に赴任する若き医師たちには、地域医療を通して日本の将来を考えることを期待したい。

この稿では本来、若き医師たちに、医療過疎地の問題に関心をもって、できれば積極的に取り組んでもらうことを後押しすべきなのだが、残念ながら、医療過疎地は人口過疎地であり、将来患者さんが居なくなり、仕事がなくなるかもしれない。しかし、若き医師たちが、自分が医師であることを四六時中実感できる世界である。だが医師であることは絶えず意識している必要はない。用のないときは一住民に過ぎない。必要な時医師として扱われる世界である。病気を見ると、その人と家庭、居住地区が見えてくる。家庭や居住地区を見るとその人の病気が見えてくる。この経験は、もしその地区が消滅しても、他で"医者をする"とき役立つであろう。しかし、そのような事態にならないことを願う。

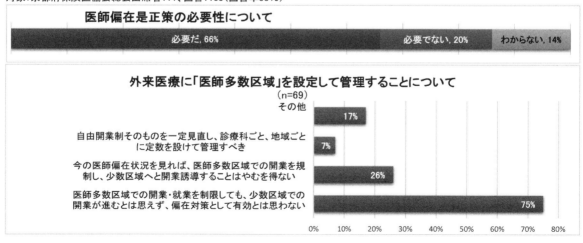

私たちは、こう思っています

「医師偏在と自由開業制」アンケート結果より（2019年7月28日）

対象：京都府保険医協会総会出席者111、回答：105（回答率95％）

第5章　保険診療の現場から－若き医師たちへのメッセージ

> 「良い医療」の担い手としてのメッセージ①

これからの医療と保険診療

吉中　丈志

　私は1978年に医師になった。CTや超音波診断装置が登場した頃である。まだMRIはなかった。初期研修を終えてから専門分野として循環器病を選択した。1980年代初頭に過労死が社会問題になり、私は過労死110番にもたずさわっていた。相談ケースに心筋梗塞などの循環器疾患が多くあったことが理由の一つである。

　ポートアイランドにあって病院建築としても注目を集めた神戸中央市民病院で専門的なトレーニングを積んだ。心臓超音波のメッカであり弁膜疾患も多かった。心筋梗塞が冠動脈の血栓によることがようやく確定しインターベンションが始まった時期でもあった。

　神戸まで通勤し週末は土曜日に京都で診療をするという生活だった。まだリウマチ性弁膜症の患者さんや先天性心疾患による心不全の患者さんもそれほどめずらしくなかった。患者さんに手術が必要な場合には神戸中央市民病院を紹介して入院時には主治医になった。開心術は今ほど普及しておらず、当時患者さんにとっては一大決心がいるものだった。私がいることで遠い神戸まで手術に来られた人も多かった。安心は医療にとって大切であることを学んだと思う。

　手術の説明をすると、どの患者さんも費用のことを心配した。当時の最先端の医療なので当然であった。健康保険制度の自己負担をふり返ると、高齢者は入院の場合一日200円、健康保険本人は1割負担、同家族と国民健康保険が3割負担だった。手術を受ける患者さんには後二者に該当する人が多かったため巨額の自己負担を心配されたわけである。実際には更生医療の制度を使うことができ負担は軽くて済んだ。退院した患者さんは京都でその後の治療を継続した。もう30年以上が経ち亡くなられた方も多いが、現在でも継続通院中の方もいる。

　九州生まれの合田さん（仮名　60歳）は連合弁膜症があり心不全入院を繰り返していた。坊主頭でやんちゃな風貌をしている。西陣織の仕事もできず生活保護を受給していた。神戸で二弁置換術を受け元気を取り戻した。病棟の看護師さんたちにも結構人気があった。私の心臓病外来に通院し始めた頃に心臓病患者会ができた。合田さんも学習会やレクリエーションなどの行事に参加した。いかつくて物言いには威圧感が漂うのだが、「おばあちゃん、車いす押したるわ」などと世話好きで結構やさしい。だんだん周囲と打ち解けてきた矢先のことだ。診察室に現れた合田さんは手錠をかけられ刑事同行であった。どうしたのかと尋ねると「以前、人を殺めた」のだと言う。警察のでっち上げだとも言った。

裁判で負けて収監されたらしい。そうした通院を何回か繰り返したが、やがて刑務所の医務室で対応することになり私の診察室から姿を消した。患者会では懐かしむ声もあったが消息はわからずじまいだ。合田さんとの出会いは私の医師人生に彩を添えてくれる思い出である。

多くの患者さんとの出会いがそうであったのだと思う。私は患者さんに誠実に向き合ってきたと思っているが、案外こうした出会いの積み重ねが私を支えてくれたのではないかという気もする。誠実に向き合えたと言えるのはそのおかげかもしれない。患者さんにとっては私の外来を受診したことは人生の一部でしかなかっただろう。それでも安心や元気や連帯感のようなことが湧き立つのが医療だと言える気がする。それは医師にも患者にも貴重なことだ。そういう意味ではお互い様ということもできるだろう。

しかし、このようにして結ばれる医師と患者の関係は社会制度があっての話である。合田さんは当時の医療制度、社会保障制度というセーフティネットワークに支えられた。自暴自棄にならずに済んだし、周りの患者や医療者と心を通わせることができた。私は専門医であると同時に保険医として仕事をしたのである。関わった医療スタッフも同様である。

国民皆保険というがこれは医療費負担を低くするだけの制度ではない。必要な医療を必要に応じて患者に提供することを優先する制度設計になっているという点が肝要だ。病人が患者になりその土台の上で医療者と患者は信頼関係を結ぶことできる。こうした信頼が地域で毎日無数に生まれて日本の医療の歴史となった。地域のきずなはソーシャルキャピタルとも呼ばれる。私が経験してきた医療はそれを育んで来たのだと実感する。

では視線を未来に向けたら何が見えるか。人工知能を活用した医療は容易に想像できる。しかし、お金と時間が幅を利かせるその先に合田さんを受け入れる医療はあるのだろうか？　政府はSociety5.0とか言ってはしゃいでいるが、居住可能地域は減り私たちの内面世界もやせ細り、ソーシャルキャピタルは浸食される。これを食い止めるところに医師の聖職性が見えるような気さえしてくる。

医師には、病気を診る眼、人間を見る眼、社会を観る眼が求められていると思う。専門医は保険医として医療を行う。病人が患者になれない現実を改善し国民皆保険という医療の土台を強めることも仕事である。人工知能はこの文脈で生かしていきたいと思う。人間の幸せに役立つ医療はその向こうにあるのではないだろうか。EBMは誤解されこうした視点を曇らせてはいないだろうか。医師のプロフェッショナリズムとして「AIに情けあり」と主張したい。あなたはどう思うだろうか。

「良い医療」の担い手としてのメッセージ②
病の向こうにある患者の暮らしを診ることの意味について

飯田　哲夫

　JR京都駅を出た列車が西へ向かい、桂川を渡ったところで、大きく南へカーブする。京都の西の山、北の山、そして遠くに東の山を背景に、田畑が広がる中を列車が通るのを飽きずに眺める。そんな京都の西南にある医院で生まれ育った。

　四半世紀も前の頃。夫婦が子供二人を連れて受診。熱が続いているという（いつも受診が遅れ気味、いまなら、もう少し早い受診をというだけでなく、何か気づくものがあっただろうか）。旅行に行く予定というので、子供はおのずから訴えられないからこそ、親の配慮と保護が大事と少し腹を立てる。

　それから2年、その夫婦から手紙が届いた。「受診した頃は仕事も失い、生活が破綻し、もう生きていく気も失せていました。子供がお世話になった先生に、お別れのつもりで行きました。いつもの調子の先生の話も、私たちには違って聞こえました。何とか踏みとどまって、生活も何とかやっています。お礼の手紙をとずっと思いながら、2年がたってしまいました」。

　長引く熱とそこに隠れていたもの。それに気づかず、不用意な一言がこの家族を向こうへ押しやってしまったかもしれない可能性。そして「病の向こうにある患者の暮らし」をうかがい知ることの難しさ。

　人は生き物として自然の中にあり、社会的な生き物として社会の中に暮らすゆえに、その両者と切り離しては生きていけないし、病もまた同じ関係にあるのは論を俟たない。

　自然も当然変化し続けるし、特に人の活動が自然に及ぼす影響も変化し続け、それに伴って病も変化し続ける。後者においては様々な得失、利害が錯綜し、科学的議論を根拠にしつつも、予防原則に基づく政治的判断を迫られることもあろう。

　社会の中の人のありよう～暮らしと病の関係は、自然との関係よりさらに錯綜しているのかもしれない。その病と暮らしとはどのように関係しているのか、どの程度関係しているのか、比較的簡単なものから、結論が不明確なものまであろう。さらに問題を複雑にするのは政治的な立ち位置が大きく関与することである。この問題は社会科学的な分析とともに政治的な分析も求められよう。

　私に与えられたテーマ「病の向こうにある患者の暮らしを診ることの意味について」は、同義反復を恐れずにいえば、患者の暮らしを見なければ、患者の病を、少なくとも十全には、診られないということなのであろう。問

題は、どうすればそうできるか、あるいはそうできるようになるかである。私自身が知りたい問いである。

医学を学び、それを社会の様々な仕組みの中で実践するとき、その社会の在りようを知ることもまた必要である。

そしてそれは何よりも、自分自身の社会での在りように思いをはせ、おのずからの生活を見つめ続ける中から生まれてくるのではないだろうか。

京都駅を出た列車が西へ向かい、桂川を渡ったところで、大きく南へカーブした先に新しい駅ができた。私の生まれ育った家からは多くのマンションが遮り、西の山も北の山ももう見ることはできない。田畑も家々の間に小さく狭く残るのみである。近隣の人も知らない顔が多くなり、来院する人の暮らしも変化し続けているのだろう。医院も次の世代との交代が進みつつある。

歳を重ね、いつの日か私自身が病を得たとき、病の向こうにある私の暮らしをも診てくれる人にまた会えるだろうか。

コラム

女性開業医の1日

礒部　博子

医院を経営している女性医師って、毎日どんな生活を送っているの？

医学生の半分近くが女性となりました。将来自分はどんな生活を送ることになるのだろうと、漠然と感じている若き女性医師の参考になればと思い、私が40代の頃、病院勤務を辞めてからどんな毎日を送っていたのかを思い出して書いてみました。あくまでも私の例ですが、少しでも参考になれば幸いです。

まず、開院時間は関西では、朝9時から12時と、夜5時か6時から8時頃までが一般的です。始める少し前には出勤して準備をしなくてはいけませんが、勤務医時代よりは朝少しゆっくりできますので、子どもにお弁当を作ったり、幼稚園に送って行ったりもできました。

勤務医時代と大きく違うのは、昼間時間が作れるということです。もちろん往診に行ったり勉強会に参加したりレセプト整理をしたり、と診察時間以外にもたくさん仕事はありますが、自分で時間を調整することができるため、子どもの参観や運動会、習い事の送迎などが可能になりました。

その代り夜が少し遅くなるので、家族団欒の夕食は少し遅めになりますね。

開業医になると経営者としての仕事も増えますが、自分のやりたいように仕事ができるのでモチベーションも上がります。

理想の医療を実践しつつ母親業も両立できて、充実した幸せな毎日だったと思います。

コラム

診察室よもやま話―救急搬送

飯田　泰啓

　診療開始前から待ってくださる患者さんがあるかと思うと、終了間際に駆け込んで来られる患者さんがある。誰しも待ち時間は苦痛である。診療時間の始めと終わりに患者さんが集中して、真中の診療時間帯は、私が患者さんを待つことになる。駆け込んでこられた患者さんの診察も終わった頃、電話が鳴った。

　きっと、少し遅れるから診てほしいという電話であろう。

　「救急隊から電話です」

　どうも、ちがう用件の電話のようだ。

　救急隊には、よくお世話になる。昨日も、寝たきりのNさんを往診先から病院に転送してもらった。この地域では在宅の寝たきり高齢者が増えている。都会の住宅で寝たきりになるのは部屋の都合もあって無理だが、そこは田舎のこと、広い農家の座敷を占領しても差し支えない。スペースの問題よりも介護の手が足りなくて困ることが多い。80歳代後半のNさんは、奥さんと2人暮らしである。2年ほど前までは奥さんに付き添われ、杖をついて診療所にこられていた。しかし、次第に歩けなくなり寝付いてしまわれた。

　昨日は39度の発熱があると訪問看護師からの連絡があった。この数日、微熱があったらしい。往診したのが夜9時過ぎである。患者さんは喘鳴が激しく呼吸もおかしい。

　「いつからゼイゼイいっているのですか」

　「ゼイゼイって？　なにか、おかしいですか」

　「食事は摂れているの。むせなかったの」

　「いいえ。昨日は少しおとなしかったです。でも、口に入れたら入れただけ食べました」

　流動食を口に入れたら、すべて飲み込んだのでどんどんと与えたらしい。むせるだけの元気もなく、ほとんど誤嚥していたようである。在宅での介護は施設や病院での管理のようにはいかない。

　この肺炎を在宅で治療するには限界がある。奥さんと相談して、救急隊にお願いして入院させた。帰宅したのは夜の12時を過ぎていた。

　昨日のNさんに何かあったかのと考えながら電話に出た。

　「先生、お宅の患者さんが腹痛で、苦しんでいます。先生のところに、運んでくれと唸りながら言うので運んでもいいですか」

　昨日のお返しであろうか。こちらに患者さんを搬送してもよいかとの問い合わせである。それにしても、診療所に救急車が搬送してくることは珍しい。

　これまでもときどき鼠径ヘルニアで来られた患者さんであった。きっと鼠径ヘルニアだろう。しかし、ヘルニアを還納することが出

コラム

来ればよいが、うまくいかなければ外科にお願いしなければならない。こちらで引き受けていいものやら迷ってしまう。
「で、患者さんの腹痛は強いですか」
「ええ、冷や汗を流しながら、うずくまっています」
「だったら、病院に運んだらどうですか」
「どうしても、先生のところに運んでくれと言って聞かないのです」
困った患者である。こちらに来ると言い張って救急隊を困らせている様子である。いつも救急隊にはお世話になっているので、無碍に断ることも出来ない。
「まあ、運んでもらって悪くはないですが。どうにもならなかったら、転送して下さいね」
「分かりました」
電話の向こうの救急隊員のほっとした様子が伝わってくる。

しばらくして、ピーポーピーポーのサイレンが聞こえてくる。サイレンが止まると、救急車の到着である。転送のことも考えて、急いでストレッチャの患者さんのところに行く。

「痛い、痛い」
大騒ぎである。
「どこが痛いの」
「お腹、いつものやつです」
それでも、いつもとは様子が違う。お腹を触ったが痛いとはいうものの、鼠径部も腫れていない。さては、痛みでどうにもならなくなって救急車を呼んだものの、途中で自然に還納したと思える。患者さんに恥をかかすわけにはいかない。
「分かりました。こちらで、後の治療を引き受けます。搬送ご苦労様でした」
「それでは、よろしくお願いします」
とりあえず、救急隊にはお引き取り願った。

「いや、たいした演技だね」
「本当に痛かったのですよ。でも救急車が来るまでに治ってしまって。病院に送られて、すぐ手術されるとかなわないから」
「こんなことを繰り返していても仕方がないから、今度はちゃんと手術してもらうのだよ」
外科宛ての紹介状を渡して帰って頂くことにした。

京都府保険医協会

〒 604-8162　京都市中京区烏丸通蛸薬師上ル七観音町637
インターワンプレイス烏丸6階
TEL(075)212-8877　FAX(075)212-0707
URL https://healthnet.jp/

執筆者（五十音順）

飯田哲夫	（いいだ　てつお）	京都府保険医協会理事	（内科・京都市）
飯田泰啓	（いいだ　やすひろ）	京都府保険医協会代議員会議長	（内科・木津川市）
礒部博子	（いそべ　ひろこ）	京都府保険医協会政策部員	（皮膚科・宇治市）
垣田さち子	（かきた　さちこ）	京都府保険医協会前理事長	（内科・京都市）
久保佐世	（くぼ　さよ）	京都府保険医協会事務局	
鈴木　卓	（すずき　たかし）	京都府保険医協会理事長	（外科・京都市）
辻　俊明	（つじ　としあき）	京都府保険医協会理事	（眼科・京都市）
中村　暁	（なかむら　さとし）	京都府保険医協会事務局	
浜松　章	（はままつ　あきら）	京都府保険医協会事務局	
二橋芙紗子	（ふたはし　ふさこ）	京都府保険医協会事務局	
吉河正人	（よしかわ　まさと）	京都府保険医協会理事	（内科・福知山市）
吉中丈志	（よしなか　たけし）	京都府保険医協会理事	（内科・京都市）
吉村　陽	（よしむら　あきら）	京都府保険医協会理事	（内科・木津川市）
渡辺賢治	（わたなべ　けんじ）	京都府保険医協会副理事長	（肛門科・京都市）

編集

京都府保険医協会
垣田さち子（かきた　さちこ）　京都府保険医協会前理事長
久保佐世　（くぼ　さよ）　京都府保険医協会事務局

装丁

加門啓子

開業医医療崩壊の危機と展望
──これからの日本の医療を支える若き医師たちへ

2019年11月30日　第1刷発行

著　者　Ⓒ 京都府保険医協会
発行者　竹村正治
発行所　株式会社かもがわ出版
　　　　〒 602-8119　京都市上京区堀川通出水西入
　　　　TEL075-432-2868　FAX075-432-2869
　　　　振替 01010-5-12436
　　　　ホームページ http://www.kamogawa.co.jp
　　　　製作　新日本プロセス株式会社
　　　　印刷　シナノ書籍印刷株式会社

ISBN978-4-7803-1058-0　C0036